Visionarios
Emprendedores
Chicago

Corazón de Valor y Fortaleza

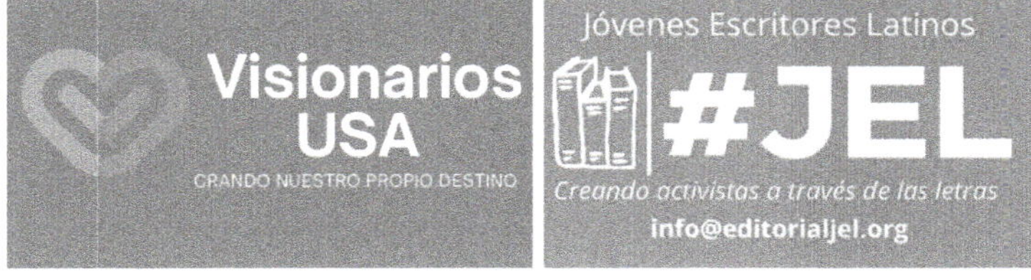

VISIONARIOS
EMPRENDEDORES
CHICAGO

Coordinadora: Sylvia E. Campos

Editorial #JEL - Jóvenes Escritores Latinos - USA
info@mbc-education.com
Miriam Burbano, Presidente y Fundadora de #JEL
msburbano@gmail.com

ISBN: 978-1-953207-80-7

Impreso en USA

www.facebook.com/corazondevaloryfortaleza

Miriam Burbano
Presidenta y Fundadora de #JEL

@JEL2014/Jóvenes Escritores Latinos

escritoresjel

PRÓLOGO
Escritora Beatriz Cantu

Todos hemos pasado por al menos una situación, una circunstancia difícil, un momento caprichoso en que la vida, tal cual la concebíamos, cambia para siempre. La pérdida de un ser amado, problemas de salud, ser despedido de un empleo o, inclusive, que te deje la persona que pensabas que era el amor de tu vida.

Todas las pérdidas que sufrimos en este camino llamado vida nos dan la oportunidad de replantearnos, repensarnos y, con posterioridad, reorientarnos.

Cada pérdida conlleva un duelo y este debe ser atravesado. Encontrar la salida a esa tristeza inconmensurable que sentimos dentro del alma, no es fácil. De hecho, siempre es difícil. Debemos hallar la fuerza que tenemos dentro nuestro para poder ver la luz al fondo del túnel, la esperanza que nos impulsa a seguir adelante.

Todos tenemos un propósito en la vida que se convierte en la razón de nuestra existencia y que nos impulsa y le da sentido a lo que hacemos. Un don maravilloso que Dios ha puesto en nuestros corazones y que debemos estar lo suficientemente atentos para poder descubrirlo y explotarlo.

Es imposible, después de leer la historia de vida de cada una de estas personas, no identificarse con sus sentimientos, sus sensaciones. Te prometo que sus palabras te retrotraerán a alguna experiencia que hayas vivido y te harán pensar en qué tanto has luchado, por salir adelante o, cuánto has peleado, por alcanzar tu sueño o vencer alguna dificultad.

Los relatos compartidos en este libro son de personas extraordinarias, hombres y mujeres que enfrentaron las rivalidades de la vida para sacar provecho de ella y que ese fruto fuera una bendición para todos nosotros. Son personas que transformaron sus miedos en fortalezas. Como Karen, cuyo mayor deseo era ser deportista de alto rendimiento y que, luego de enfermar de esclerosis múltiple, logró cumplir su gran añoranza convirtiéndose en una paratleta reconocida.

Carmelo, otra vida con un hermoso propósito: llevar alegría a donde hay tristeza disfrazada de payaso, colmando de risas a quienes más lo necesitan. Socorro que, siendo muy joven, quedó viuda con hijos pequeños y logró salir adelante sin descuidar su crianza y siendo siempre un ejemplo para ellos. Un ejemplo de constancia y superación diaria. Cada historia expone algo inmenso, algo digno que, te aseguro, llenará tu corazón.

Por esto, mi querido lector, es que te invito a conocer a estas personas, leer sus historias y a enamorarte de cada una de ellas como lo he hecho yo. Todos ellos han pasado por experiencias, muchas dolorosas y muy duras y que supieron cómo salir airosos, con un aprendizaje que hoy pueden y quieren compartir.

Te invito también a pensar en el camino que has recorrido, ese que Dios te ha puesto por delante, a valorar las lecciones que has atravesado y todo lo que has aprendido para llegar a ser quien eres hoy en día. Y que recuerdes que somos herramientas, que tenemos la posibilidad de ayudar a otros con apenas un gesto, una palabra o un consejo.

Levántate del sofá, toma las riendas de tu vida y anímate a hacer eso que tanto temes de emprender. Que el cambio no te desanime, sino que te desafíe. Nunca es tarde para abrazar tu vida, redescubrirte, quererte, liberarte de los miedos y animarte a sentir, a explorar.

Estas historias nos demuestran que no venimos a esta vida solo a cumplir con rutinas. Vive una vida de la que te sientas orgulloso y no pares hasta conseguirlo. La única manera de avanzar es dar un paso delante del otro. ¡Arriba!

PREFACIO

En su libro "VISIONARIOS EMPRENDEDORES CHICAGO" sus autores nos permiten navegar en sus páginas compartiendo diferentes temas desde varios puntos de vista.

Las ideas y conceptos vertidos en sus letras, nos hacen darnos cuenta de la importancia del ejemplo que le damos a los pequeños, a esos seres humanos que están iniciándose en la vida y que ven en sus padres los pilares y ejemplos a seguir, a través de vivir en congruencia entre lo que les decimos que hagan y lo que nosotros hacemos.

Teniendo como meta el vivir nuestro propósito de vida, dándonos la oportunidad de sentir, accionar y tomar decisiones, no importando que sea nuestra única opción, donde ya no tenemos de otra, logrando que esa única opción nos vuelva más fuertes.

Le podemos llamar a una esencia más grande que nosotros, el Universo, la Madre Tierra, la Pacha Mama o Dios, como yo le llamo; esa esencia mágica que nos moldea, que nos va forjando y formando desde dentro de nosotros mismos.

Y al irla forjando, algo de lo que estaremos orgullosos es dejar una huella positiva en nuestro vivir, en nuestro paso y transmitir esa esencia positiva a nuestros hijos, para que aprendan a ser buenas personas, a ayudar a los demás.

Crear y mantener nuestra paz mental, ese estado de equilibrio que nos permite seguir conectados con el mundo y con su dinámica diaria, esa dinámica que nos hace darnos cuenta qué tu y yo nacimos para ser felices, para compartir esa felicidad con los seres que nos rodean.

Como último, hay tres características que debemos tener, seamos hombres o mujeres, estas son: ser valientes, ser visionarios y amar a nuestro prójimo.

Esto y mucho más, vivirás al ir pasando página por página, palabra por palabra y letra por letra de este gran libro.

Te invito a que lo disfrutes y lo leas todas las veces que te sea posible.

Tu amigo.

Dr. Marco Ontiveros
"Tu Coach de la Felicidad"
Presidente Ejecutivo Corporativo DD, LLC

Visionarios USA
Jóvenes Escritores Latinos
#JEL
Creando activistas a través de las letras
info@editorialjel.org
ANTOLOGIA #JEL
VISIONARIOS
Emprendedores
CHICAGO
VISIONARIOS
Emprendedores
CHICAGO
#JEL
SYLVIA CAMPOS
&
JANNETH HERNANDEZ
CONOCE MÁS DE LA
PRESIDENTE DE
VISIONARIOS USA
ESCRITORA BEST SELLER
JANNETH HERNÁNDEZ
Antología en beneficio del hogar para mujeres sobrevivientes de la violencia doméstica CORAZÓN DE VALOR Y FORTALEZA de Chicago dirigido por la escritora Best Seller Janneth Hernandez.
¡Ayúdanos a ayudar, juntos podemos más!
Por el despertar de conciencia y la creación de nuestro propio destino en beneficio propio, de la familia y del mundo.
Visionarios USA

DEDICATORIA

Este libro está dedicado a cada una de las personas que, de una u otra manera, son inspiración para otras. El combustible más poderoso para lograr los sueños; es la inspiración. Muchas de las veces, nos cuesta trabajo encontrarla; pero llega alguien a nuestras vidas que nos inspira, y nos motiva a mejorar.

También dedicamos esta obra, a nuestra comunidad latina inmigrante; que han dejado todo en sus países para luchar por sus sueños y tener un mejor futuro.

A todas las personas que día a día se levantan para trabajar duro, dando lo mejor para este país; aportando un granito de arena para hacer la diferencia.

Por último, a tod@s los emprendedores que han tenido una visión más allá de lo que escapa a la mirada, a ellos; que han buscado emprender un camino diferente y muchas veces difícil, pero que decidieron no renunciar a sus sueños; por muy difícil que parezca el camino.

Janneth Hernandez,
Escritora Best Seller y Presidente de Visionarios USA

De la Presidente de Visionarios USA Escritora Bestseller Janneth Hernández

Janneth Hernández, de nacionalidad Mexicana; nació el 31 de diciembre de 1982 y radica en Chicago, Illinois desde el año 2002.

En el año 2013, fue certificada como Advocate (abogado) de violencia doméstica, es fundadora y directora de la organización sin fines de lucro "Corazón de Valor y Fortaleza", localizada en Chicago; Illinois, se dedica a ayudar a la comunidad; con sus servicios para el bienestar social.

Janneth, es una mujer emprendedora, y gracias a su deseo incesante de superación, se convirtió en el año 2015 en Entrenadora en Liderazgo y Desarrollo Personal.

Janneth Hernández, también es mentora en empoderamiento y desarrollo personal, es activista comunitaria a favor del Respeto y la Igualdad de Género; también promotora del crecimiento y el empoderamiento de la mujer.

Además, es facilitadora de talleres de empoderamiento, liderazgo y desarrollo personal y a través de sus talleres;

promueve el buen carácter humano y el servicio a la humanidad.

Se trata de una mujer valiente que predica con el ejemplo, una parte de su filosofía de vida es: *"Aunque la vida sea dura, yo soy más dura y fuerte que ella, cada obstáculo que la vida le ponga; utilícelo como un peldaño para avanzar"*

Para saber más acerca de esta joven autora, sus obras, conferencias y presentaciones, por favor comunicarse al: (773) 639 4984 o al email: hdezjaneth@hotmail.com.

Visionarios USA
Jóvenes Escritores Latinos
#JEL
info@editorialjel.org
ANTOLOGIA #JEL
VISIONARIOS
Emprendedores
CHICAGO
VISIONARIOS
Emprendedores
CHICAGO
#JEL
SYLVIA CAMPOS
JANNETH HERNANDEZ
CONOCE MÁS DE LA ESCRITORA
Y DIRECTORA DEL MOVIMIENTO
VISIONARIOS USA
SYLVIA E. CAMPOS
Antología en beneficio del hogar para mujeres sobrevivientes de la violencia doméstica CORAZÓN DE VALOR Y FORTALEZA de Chicago dirigido por la escritora Best Seller Janneth Hernandez.
¡Ayúdanos a ayudar, juntos podemos más!
POR EL DESPERTAR DE CONCIENCIA Y LA CREACIÓN DE NUESTRO PROPIO DESTINO EN BENEFICIO PROPIO, DE LA FAMILIA Y DEL MUNDO.
VISIONARIOS USA

AGRADECIMIENTO

Esta sección es muy especial, ya que en ella se describe en totalidad la realización del sueño, visión; acción, constancia; perseverancia, esfuerzo; y por qué no mencionarlo: el estrés que en su momento nos causó y que es parte de este proceso. Sin esta etapa; no habría existido jamás el empuje o jalón para llegar a la meta.

Todos ustedes: ¡lo han logrado! ¡Lo hemos conseguido!

Es para mí, Sylvia E. Campos C.E.O de Samaritanos de buen Corazón; un honor a su vez mencionar el inmenso agradecimiento a Janneth Eliza Hernández, C.E.O de la organización Corazón de Valor y Fortaleza; por darme la oportunidad como directora de esta antología, de extender y generar más conocimiento a mi persona.

Es gratificante llevar la batuta en diferentes roles cumplidos al mismo tiempo, motivo por el cual; también extiendo mí más rotundo agradecimiento a tod@s aquell@s personas a quiénes aprecio y valoro por su participación no lucrativa, en el apoyo de este movimiento: VISIONARIOS EMPRENDEDORES CHICAGO. Todo libro comienza por una portada, ¿cierto?

Bien, pues en esta ocasión agradezco por la imagen de nuestra portada al fotógrafo Sócrates Vargas Loreto.

Continuando con imágenes de publicidad e interior; agradezco igualmente a otro no menos importante fotógrafo: Jesús Santos.

¡Extraordinario trabajo de ambos!

Todo es una línea contínua, sin actores, no hay show, y sin escritores; no existirían los libros. De manera que por su labor, y participación altruista, a cada uno de los mencionados, ¡gracias!; por la tremenda participación y el corazón puesto en esta causa, a quien realiza el antepenúltimo trabajo superimportante, que nos dirige al final; siendo la presentación donde palpar, sentir; hojear y disfrutar del contenido de esta antología, es lo más gratificante.

A nuestra gran Editorial de apoyo #JEL; Jóvenes Escritores Latinos y su C.E.O: Miriam Burbano, gracias; sin olvidar la importancia que reviste la participación de nuestros padrinos (sponsors). Gracias por creer en el proyecto, en las personas que solicitaron su ayuda y respondieron con un ¡sí!.

Esto hace la diferencia, la unión hace la fuerza; y ustedes están ahí. Agradecer, por último, en lo que debió haber sido el inicio: gracias a Dios, a la vida y al universo; ya que todo conspira espiritual, universal y terrenalmente; para continuar marcando trayectoria y formar legado. Trabajando en el éxito, únicamente en busca del prestigio que distinga mi trabajo; decreto que todo éxito llegará por añadidura, gracias por creer en mí, por permitirme aprender; mostrar mis capacidades, y darme cuenta dónde se necesita más.

El dar gracias a Dios es decir: ¡estoy presente! ¡Estoy aquí y ahora! Estoy mirando el resultado del trabajo que con gran empeño e ilusiones; hemos logrado como un gran equipo de patrocinadores, voluntarios, colaboradores, y los siguientes coautores: Minerva Melquiades, Juan Carlos Guevara, Salomón García, Alejandro González M., Erendira Selene, José Malaquías, Elizabeth Duecker Cienega, Karen Sternfeld, Socorro Martinez, Sandra Martinez, Carmelo Martinez, Joyce A. González, Edgardo Arroyo Diaz, Angélica Ortiz, Cindy A. Gonzalez Lorenzana, Yadira Diaz, Martha Guzman, Angélica Mendoza González, Esther Puerta-DeMeza, Columba Campos Macias.

Sinceramente,
Sylvia E. Campos
Directora de Visionarios Emprendedores - Chicago

De la Coordinadora de la Antología #JEL Visionarios Emprendedores Chicago Sylvia E. Campos

Sylvia E. Campos, es originaria de Nuevo Ideal; Estado de Durango, México. Proviene de una familia humilde, trabajadora y soñadora. Es la mayor de 7 hermanos, en una familia donde la base principal es la unión y el respeto, también el amor; la generosidad y el apoyo familiar.

Cursó sus estudios básicos en su natal Durango. Es madre de 5 bellas bendiciones, que son su máxima inspiración.

Cómo oficio primeramente madre, ama de casa, y una variedad de cualidades laborales ya mencionadas.

Como sueños: Siempre lograr metas con respecto a superación personal y profesional, convertirse en un ser humano reconocido a nivel internacional, por la colaboración hacia personas en diferentes ámbitos de la vida; superación, autoestima social, moral, emocional, entre muchas otras alternativas.

Y como ella dice: "NUNCA DEJES DE SOÑAR Y PERSEVERAR"

FRESES CÉLEBRES DE: SYLVIA E. CAMPOS.

"Muchos podrán robar tú dinero, tú tiempo, tus ideas, lo que nunca podrán robarte, son tus pensamientos, tus sueños, tu fe; y tus ganas de ser un mejor ser humano."

"Nadie dijo que lograrlo sería fácil, pero tampoco dijo que no se lograría."

"Sigue soñando hasta que te mires triunfando."

"Por qué sabio no es el que ya lo sabe todo, sabio es todo aquel que está dispuesto a aprender y a enseñar sin egoísmo, pues la vida es un gran maestra que nos muestra la enseñanza diariamente."

Para más información acerca de Sylvia E. Campos, sus presentaciones y materiales de
apoyo, por favor siéntase libre de contactar al:
Número telefónico. 773 440 3442

Email. Sylviacampos4.sc@gmail.com

Visionarios USA
Jóvenes Escritores Latinos
#JEL
Creando activistas a través de las letras
info@editorialjel.org
VISIONARIOS
Emprendedores
CHICAGO
#JEL
SYLVIA CAMPOS
&
JANNETH HERNANDEZ
ANTOLOGIA #JEL
VISIONARIOS
Emprendedores
CHICAGO
CONOCE MÁS DE LA
PRESIDENTE DE LA EDITORIAL #JEL
JÓVENES ESCRITORES LATINOS
ESCRITORA BEST SELLER
MIRIAM BURBANO
Antología en beneficio del hogar para mujeres sobrevivientes de la violencia doméstica CORAZÓN DE VALOR Y FORTALEZA de Chicago dirigido por la escritora Best Seller Janneth Hernandez. ¡Ayúdanos a ayudar, juntos podemos más!
Por el despertar de conciencia y la creación de nuestro propio destino en beneficio propio, de la familia y del mundo.
Visionarios USA

De la Presidente y Fundadora de la Editorial #JEL, Jóvenes Escritores Latinos, Escritora Miriam Burbano

Miriam Burbano nació en Ecuador; se ha dado a conocer por sus iniciativas sociales enfocadas tanto a la paz, como al desarrollo de grupos vulnerables en su propio país y en migrantes residentes en los Estados Unidos.

Su personalidad y sus logros, representan el amor por los demás. Se ha involucrado en diversas actividades, entre las que destacan internacionalmente: la iniciativa de Jóvenes Escritores Latinos #JEL, que incluye la edición y publicación; para dar voz a grupos sociales que, antes de ella, no la tenían.

En todas sus incursiones, ha dejado su huella de mujer comprometida con la humanidad; Miriam Burbano vive intensamente los sueños de otros, haciéndolos propios, acompañando a todo soñador en la conquista de sus propios sueños, su historia de vida, nos hace sospechar que se convierte en una heroína real; y no es un personaje de ciencia ficción.

Miriam Burbano es educadora de profesión, tiene certificación ESOL (English for Speakers of Other Languages), por el Instituto de Lenguas de Oxford.

Asistió a la Universidad Estatal de California; en Los Ángeles, donde estudió Business Administration.

Se siente comprometida con el proceso de empoderar a los Latinos; a través de la educación.
Educar a las mujeres, es uno de sus propósitos constantes para romper el ciclo de la desigualdad social.

En el año 2001, Miriam, se convirtió en Co-fundadora de la Academia de Liderazgo; en un área marginada de Los Ángeles. Trabajó en el Instituto de Política Juvenil, supervisando programas para más de 2,000 estudiantes beneficiarios de servicios gratuitos en tutoría académica.

Ha trabajado en la Junta Directiva de varias organizaciones; sin fines de lucro. Miriam Burbano, es fundadora de MBC - Education, organización dedicada al sublime arte literario para empoderar a la gente, a través de la fórmula lectura - escritura; la educación y la publicación de libros.

Miriam Burbano, es Co-fundadora de www.revolutionenglish.org que utiliza la tecnología para enseñar habilidades lingüísticas a estudiantes de todo el mundo. Actualmente, es Directora del Departamento de Idiomas de la Universidad Politécnica Nacional.

Su arduo trabajo, le ha valido recibir distintos reconocimientos nacionales e internacionales. En el 2014, por ejemplo, recibió el Premio "LOFT" de Maestros

Innovadores; por parte de la Fundación de la Herencia Hispana. También ha sido galardonada con el premio "Líder 2014", por parte de la organización sin fines de lucro La Future Leadership, Inc., dedicada al trabajo con jóvenes en áreas de liderazgo, comunicación y artes.

En el 2015, recibió el Premio "Activista del Año", por la Unión de Guatemaltecos Emigrantes en América (UGE Américas). En el año del 2016, obtuvo el título de Embajadora de la Paz, otorgado por Le Cercle Universel de la Paix; Francia, y el premio "Mujer Activista 2016"; otorgado por la Asambleísta de California, Patty López.

En el 2017, Miriam recibió dos premios:
El primero: el Tributo Ecuatoriano USA, en la ciudad de Nueva York.
El segundo: premio al Liderazgo, en la ciudad de Los Ángeles, de parte del Club Luz de América; en este reconocimiento, compartió escenario con la ganadora del Emmy, Norma Roque.
Miriam Burbano es ecuatoriana, por azares del destino ha vivido en distintos países; pero se siente ciudadana del mundo.

Parte de su historia, nutre y se nutre del activismo, distintos líderes la denominan pilar Latinoamericano. Su trabajo como activista, no conoce banderas ni distingue idiomas, razas; religiones, clases sociales; o preferencias personales. A Miriam Burbano la vemos trabajando, sin distinción, con organizaciones de diferentes países, y como fundadora de #JEL, su objetivo es crear activistas, su artillería es la literatura; portando a las letras como herramienta.

Las publicaciones de jóvenes, obligan a los gobiernos a entender las necesidades de una nueva generación; #JEL es un tejido social, facilita materiales cuando es necesario trabajar en antologías; para que a través de la publicación de libros y por medio del talento, engrandecer la cultura hispana; radicada en los Estados Unidos.

#JEL tiene núcleos en los Estados Unidos, El Salvador, Colombia; Guatemala, Ecuador; Honduras y México.

Como escritora, ha dejado huella con "La Pequeña Casa Azul", un libro infantil; también es autora de un poemario comunitario denominado: "Cantando Medio Siglo"

Ha curado y coordinado proyectos literarios, destacando las antologías: "Memorias Migrantes", "Héroes de CBO", "Cambiando el Mundo"; "Como Salvar Nuestro Planeta ¡HOY!", "Rosas al Ritmo de la Esperanza", de la afamada organización del Desfile de las Rosas; en Pasadena. De igual manera: "Cartas Al Presidente", "Girl Power", "Paremos la Violencia"; entre otras.

Ha publicado diversos poemas, recibiendo el título de:

"Vicepresidente y Faro de Paz", otorgado por el Instituto Internacional Manuel Leyva, y la Sociedad Iberoamericana de Poetas; Escritores y Artistas (SIPEA).

Miriam Burbano, es parte de la Junta Directiva de Latinas Public Service Academy - LAtinas, un programa dedicado a formar mujeres jóvenes, de origen latino; como futuras políticas.
Fué la presidente de National Women Political Caucus, que destaca su logro por la igualdad de género, en el área de servicio público; tema pendiente en la agenda pública.

En su tiempo libre, Miriam enseña para el General Educational Development Test (GED), dirigido a la comunidad de adultos; específicamente hacia personas que no terminaron la preparatoria.

Su tutoría, les permite lograr el certificado de Educación General, gracias al cual podrán continuar sus carreras académicas en la universidad, o el campo laboral de su preferencia.

Miriam Burbano tiene un sueño, quiere fundar una Cooperativa de Vivienda de Transición, lo anterior con la finalidad de apoyar a las mujeres que, debido a la maternidad, no pueden continuar su educación universitaria.

Tiene dos hijos. Uno de ellos, tiene título universitario en matemáticas, y una hija que está cursando su doctorado en biología neurológica, en la Universidad de Columbia; en Nueva York.

En su vida personal, la pasión de Miriam Burbano es trabajar en temas de justicia social, su labor ha estado orientada, en que los indocumentados lograran obtener una licencia de conducir. La reforma migratoria y los esfuerzos por la dignidad y el respeto a los agricultores, por ejemplo; son temas que la han llevado hasta el Vaticano, con el fin de entregar cartas de indocumentados al Papa Francisco.

Miriam Burbano, también ha recibido el título LÍDER SIN FRONTERAS de la organización UGE AMÉRICAS, y es recipiente del Premio Juliano; el cual se entrega a personas que brindan el aporte social para alcanzar un mundo mejor.

No existen dudas de su trabajo, de su merecimiento, ni de la noble labor que aún sigue realizando, por aquellos que tienen la voluntad para salir adelante. Su aporte es incansable, digno de imitar, de reconocer y de compartir. Podemos decir que Miriam Burbano es una completa heroína, producto real del amor, de su compromiso y amplio deseo de ayudar a través de la literatura.

Escrito por Manuel Olmos,
Salvadoreño residente en Los Ángeles.

Visionarios Emprendedores

Chicago

Autores

Visionarios USA
Jóvenes Escritores Latinos
#JEL
Creando activistas a través de las letras
info@editorialjel.org
ANTOLOGIA #JEL
VISIONARIOS
Emprendedores
CHICAGO
VISIONARIOS
Emprendedores
CHICAGO
#JEL
SYLVIA CAMPOS
&
JANNETH HERNANDEZ
TOP END
CONOCE MÁS DE LA COAUTORA
KAREN ELIZABETH STERNFELD
Antología en beneficio del hogar para mujeres sobrevivientes de la violencia doméstica CORAZÓN DE VALOR Y FORTALEZA de Chicago dirigido por la escritora Best Seller Janneth Hernandez. ¡Ayúdanos a ayudar, juntos podemos más!
Por el despertar de conciencia y la creación de nuestro propio destino en beneficio propio, de la familia y del mundo.
Visionarios USA

Karen Elizabeth Sternfeld

Soy Karen Elizabeth Sternfeld, nací el 13 de septiembre de 1972 en Bostón; Massachusetts. He vivido en muchos lugares de los Estados Unidos y el mundo, sin embargo; el lugar que más me ha marcado es Bogotá; Colombia, ya que mi actual esposa es colombiana.

Estudié química, logrando obtener un doctorado en Farmacia. A los 21 años, recibí el diagnóstico de esclerosis múltiple; lo que me limitó para seguir una vida "normal", puesto que mi sueño era ser deportista.

Hoy en día, soy paratleta y he logrado obtener auspicios económicos para desarrollar mi carrera. He alcanzado un nivel competitivo en mis disciplinas: triatlón y tiro de arco.

Mi objetivo es seguir creciendo en el deporte, y ser un referente para nuevas generaciones de personas con discapacidad.

Los obstáculos son para saltarlos

Por: Karen Elizabeth Sternfeld

Soy Karen, mujer; paratleta, lesbiana; amante de otras culturas y viajera empedernida. Además, disfruto de las cosas simples de la vida; de una conversación con amigas, de una copa de vino, del mar y de los perros.

Llegar a lo que soy hoy en día no fue fácil; fue un camino lleno de pruebas difíciles, de cerros muy empinados que debía subir y bajar, una y otra vez. Sin embargo, jamás me rendí; luché para lograr mis sueños.

Nací como cualquier otra niña, en casa de padres que me amaban, jugaba con mi hermano, disfrutando de una niñez cómoda. Cuando era pequeña, hice muchos deportes y ser deportista, fue una característica muy importante para mí.

Los deportes que escogí, eran aquellos en los que uno compite solo, no en equipos, quería demostrarme a mí misma que podía sola; esforzándome de manera independiente, lo que me llevó a ser exitosa mientras competía.

En séptimo grado, había una carrera de una milla donde competían todas las escuelas de la ciudad. Cuando sonó la pistola, todas empezamos a correr. Alguien pisó el talón de mis tenis y el pie se salió, por unos momentos, trataba de correr con el zapato así; intentando ponerlo otra vez en su lugar, pero no pude. Finalmente, la manera para continuar era parar, sostener y ponerme el zapato con las manos. Cuando ocurrió esto, fui la última de la carrera; decidiendo que tenía dos opciones: parar y volver a hacerlo el próximo año; o correr con todas mis fuerzas. Escogí la segunda opción. No gané; pero llegué dentro del grupo de las primeras veinte competidoras.

Continué con los deportes en high school y la universidad. El último año de la universidad, tuve problemas al comenzar a entrenar en otoño. Pude correr tranquilamente por veinte minutos, y después de este tiempo; comencé a experimentar problemas con mi pié izquierdo, no podía subir los dedos y me caía siempre, luego de completar ese tiempo específico.

Los médicos empezaron a hacer pruebas y exámenes para descubrir la raíz del problema. Eventualmente, descubrieron que tenía pequeños "huecos en el cerebro"; después de aquello recibí un diagnóstico lapidario: esclerosis múltiple.

En ese momento, a los 21 años, perdí una gran parte de mí, de mi persona; mi alma, de mis sueños. Ya no me sentía como una atleta, no podía hacer lo que quería; no era nadie importante. Por mucho tiempo luché contra mí misma, contra este cuerpo "defectuoso", tratando de demostrar que todo estaba perfecto. Sin embargo; en el fondo de mi corazón, en lo más profundo de mi alma; sabía que ocultaba una realidad inminente, me mentía a mí misma; no quería ni pensar en la posibilidad de estar en una silla de ruedas.

Cuando recibí el diagnóstico, solo quise esconder el hecho. Lo que sí cambió completamente, fueron las ideas acerca del futuro. Quería trabajar en el cuerpo de paz, pero ellos me dijeron que no podía por el diagnóstico. Pensé en hacer estudios del medio ambiente y contaminación, mirando las zonas limpias afuera de zonas urbanas; pero no pude hacerlo por miedo.

Mientras vivía este episodio, me encontraba experimentando otros cambios; sentía que todos tenían muchas expectativas de mi vida, todos señalaban un futuro específico y trazado para mí; menos yo. Trataba de descubrir mi orientación sexual. Estas transiciones significativas estaban ocurriendo de manera simultánea. Todos estos temores respecto al futuro, eran paralelos en mis pensamientos en relación con la construcción de una familia; ya que no tenía modelos de vida, no sabía cómo viviría siendo lesbiana y con esclerosis múltiple.

Me sentía demasiado perdida con todo, abandonada en un bosque oscuro y silencioso. Esta historia estuvo marcada por el camino que me llevó a la salida; un camino lleno de eventos, sucesos y personas; quienes fueron significativos para alcanzar la salida. Sin embargo, los créditos de dicha historia, empiezan y terminan conmigo, abrazando mis propias sombras.

Hoy, con 50 años, he llegado a un punto en el que me siento cómoda en la vida social; tengo esposa y una vida en familia, también he llegado a sentirme atleta; he descubierto el triatlón y el tiro con arco; deportes que realizo de una manera adaptativa y que me encantan.

Hace unos meses, por fin, logré encontrar auspicios; todavía sigo buscando más conexiones y apoyo. Con todo lo anterior, hoy me considero una paratleta que busca que su vida se transforme en un referente para toda la gente; sobre todo para quienes viven con algún tipo de discapacidad, también de la comunidad disidente; aquellas que se sienten excluidas y pérdidas.

Abrir espacios para que las personas sean parte de una colectividad, y puedan desarrollarse como deportistas, sin pensar en sus "impedimentos". Si tenemos sueños; debemos luchar para alcanzarlos.

Visionarios USA
Jóvenes Escritores Latinos
#JEL
Creando activistas a través de las letras
info@editorialjel.org
ANTOLOGIA #JEL
VISIONARIOS
Emprendedores
CHICAGO
VISIONARIOS
Emprendedores
CHICAGO
#JEL
SYLVIA CAMPOS
&
JANNETH HERNANDEZ
CONOCE MÁS DE LA COAUTORA
SOCORRO MARTÍNEZ
Antología en beneficio del hogar para mujeres sobrevivientes de la violencia doméstica CORAZÓN DE VALOR Y FORTALEZA de Chicago dirigido por la escritora Best Seller Janneth Hernandez. ¡Ayúdanos a ayudar, juntos podemos más!
Por el despertar de conciencia y la creación de nuestro propio destino en beneficio propio, de la familia y del mundo.
Visionarios USA

Socorro Martínez

Socorro Martínez, es texana y residente en Des Moines; Iowa. Se desempeña como asociada de ciencias aplicadas, especialista en contabilidad, autora y escritora. También, es dueña de un negocio independiente de servicios esenciales; notaría pública y agente de finanzas.

Se encarga de ayudar y educar a los integrantes de la comunidad latina, para que estén mejor preparados en el futuro. De igual manera, Socorro disfruta estimulando a las personas, para que puedan resolver cualquier situación.

Socorro Martínez

Hoy les platico un poco de mí. Soy la mayor de 3 hijas, y desde muy temprana edad, anduve con mis padres en los basureros recolectando cartón y botellas, con el fin de ayudarles a sostenernos.

A los 16 años, quedé embarazada, tomando la decisión de casarme a los 18 años de edad. Después de la boda, me embaracé nuevamente; y aunque fuí madre muy joven, con el apoyo de mis seres queridos pude continuar mis estudios ya teniendo dos hijos. logré recibirme como asociada de ciencias aplicadas, especialista en contabilidad.

Al transcurrir los años, nunca imaginé que me quedaría viuda a los 29 años; sola con mis hijos de 10 y 12 años, respectivamente.

Ahí, fué donde empezó la tormenta de mi vida. Al enterarme del fallecimiento de mi esposo; perdí la memoria por 3 días. Durante las horas posteriores, mi madre me hizo recordar que mi esposo confiaba en que si a él le ocurría algo; nuestros hijos estarían muy bien. Aunque él se la pasaba trabajando, le gustaba la manera en que yo los educaba. Luego de que mamá me hizo saber eso, recuperé una parte de mi memoria. Pasé años con tan solo la mitad de mi memoria, lo cual; no fué nada bueno, pues no pude darles el cien por ciento a mis hijos, y al mismo tiempo, trabajar para mantenernos.

Mis hijos quedaron muy afectados por el fallecimiento de su padre. Fueron años luchando por salir adelante, buscando mi recuperación y el bienestar de ellos.

Los llevé con psicólogos y terapistas, pensando que eso les ayudaría; si les ayudó, pero no como yo hubiera querido, pues no conectaban con algunos de los terapistas. Investigué la manera de ayudarlos, notando que cuando los niños son adolescentes, retorna a ellos el sufrimiento.

Así, fué como empezó de nuevo el duelo. Hoy en día, puedo decir que le doy gracias a Dios por todo lo que viví, porque esas pruebas han hecho que crezca como ser humano, que tenga más empatía por las personas; y que incluso, sea felíz con lo bueno y malo de la vida. También, logré fortalecer la confianza y comunicación que hoy tengo con mis hijos.

Valoro todo lo que mis padres han hecho por mí, quienes siempre han estado a mi lado, sin importar las circunstancias. Es importante mencionar, que con el transcurso del tiempo, conseguí recuperar la memoria. En lugar de cuestionarnos: ¿para qué?, o ¿por qué me ocurre esto?, debemos pensar que todo en la vida son lecciones, no errores; salvo que decidas retroceder.

Hoy escribo un poco de mí, aunque esto no se trata de mí; sino de usted que me está leyendo.

Quiero que piense en todo lo que usted ha vivido.

¿Cómo hizo para sobrevivir en esos momentos?, ¿Quién le ayudó o le brindó algo?

Imagínese, si pudo salir de eso; ¿qué tanto podrá hacer?. Recuerde, como todo buen padre y madre (si es que lo es), siempre queremos lo mejor para nuestros hijos, por lo tanto; debemos brindarles el ejemplo, pues ellos suelen hacer lo que miran, y no lo que escuchan.

Aunque no seas madre o padre, recuerda que siempre hay alguien que probablemente quiera ser como tú; y ahora mismo está viendo lo que haces.

Se vale soñar, cueste lo que cueste, así nos tengamos que levantar mil veces, pues si pudimos en el pasado; es evidente que podremos hoy. Todos nosotros escribimos nuestra historia.

Recuerde, únicamente Dios es perfecto.

CONOCE MÁS DE LA COAUTORA

SANDRA MARTÍNEZ

Antología en beneficio del hogar para mujeres sobrevivientes de la violencia doméstica CORAZON DE VALOR Y FORTALEZA de Chicago dirigido por la escritora Best Seller Janneth Hernandez. ¡Ayudamos a ayudar, juntos podemos más!

Por el despertar de conciencia y la creación de nuestro propio destino en beneficio propio, de la familia y del mundo.

Visionarios USA

Sandra Martínez

Salvadoreña de nacimiento, llegó a Chicago en 1999; buscando un futuro mejor. Hasta el día de hoy, sigue viviendo en Chicago; es casada, esposo mexicano; madre, emprendedora desde niña; y en su tiempo libre siempre le encanta ayudar y apoyar a organizaciones comunitarias.

Le encantan los deportes, y respaldar a los jóvenes a que se involucren en ellos. Después de muchos retos, ha comprendido que nadie es culpable de las situaciones; somos responsables, porque no importa tu pasado; importa el presente, ya que de la manera en que vivas el presente; dependerá el resultado de tu futuro.

Sandra, siempre busca engrandecer sus conocimientos para seguir apoyando. Ha tomado varios cursos de liderazgo, finanzas, redes sociales, maquillaje, y muchos más. Le fascina leer, su sueño es escribir, y ser conferencista de empoderamiento a las familias.

Sus frases favoritas son: el cerebro es como Google, hay que ponerle información; para que cuando la necesites esté ahí. El éxito llega cuando las oportunidades y el conocimiento se unen. También, cree que todos tienen potencial para lograr sus sueños y metas, solo se trata de perder el miedo; y desarrollarse con la mejor actitud.

El poder que tiene los padres sobre los hijos

Por: Sandra Martínez

Enfócate en lo positivo, ¿qué quieres tener como resultado en tu vida familiar?
¿Cómo te gustaría vivir el resto de tu vida?
¿Cómo miras el futuro de tu hijo?
Como padre o madre: ¿Estás haciendo lo correcto?, ¿Te encuentras cómodo?

Durante el último año, he escuchado mucho sobre estrés, depresión y ansiedad. Aún más en los adolescentes, y pienso en un dicho que dice: "los hijos son el resultado o (espejo) de los padres", entonces, ¿Qué estamos haciendo en nuestro hogar? ¿Qué ejemplo le damos a nuestros hijos? Bueno, no es totalmente responsabilidad de los padres; ya que la sociedad influye mucho. ¿Hasta qué punto dejamos que la sociedad sea más importante para nuestros hijos?

Si les damos amor, si enseñamos respeto y valores a ellos, estamos enseñándoles a ser fuertes ante la sociedad. Lo que importa es la visión que tú tienes para tus hijos, y te enfoques sólo en lo que quieres, no en lo que no quieres. En lo que te enfocas le das poder, siempre recuérdalo. Te quiero compartir ocho puntos de vista desde mi experiencia, trabajando con jóvenes y cómo madre:

1- Mostrar Gratitud: Si se es agradecido, se reciben más bendiciones. Dar las gracias, agradecer por un nuevo día, por la familia, etc. Mientras más gratitud pienses y sientas de forma deliberada, más abundancia recibirás. El agradecer, es un sentimiento que llena de felicidad, el valorar cada momento, cada cosa pequeña.

2- Nuestros hijos necesitan amor, ser escuchados y guiados con amor. Un abrazo, unos buenos días, buenas noches, estoy interesado en sus cosas y en lo que hacen. Escuchar, es preguntar cuéntame cómo fue tu día, estar en comunicación constante con ellos, tener conversaciones pequeñas y frecuentes.

Guiarlos: debemos guiar a los adolescentes hacia la búsqueda de sus metas duraderas, a medida que ellos toman decisiones, nos imitan o nos copian a los padres; debemos de ser lo que queremos que nuestros hijos sean.

3- Nunca es tarde, sin importar la edad; siempre serán nuestros hijos, estar presentes en sus vidas tiene mucho significado; aunque a veces no nos lo digan, hoy es un buen día para empezar. No importa lo que ya pasó, a menos que solo sea para aprender la lección, lo que importa es el presente y futuro.

4- Usar palabras que lo empoderen: las palabras de una madre o padre, tienen un poder inimaginable, si usamos palabras como: eres inteligente, la próxima será mejor;

sueña en grande, estudia; viaja, conoce el mundo, se feliz; te amo, eres una bendición; eres único. Te invito a ver el documental o película de Thomas Alba Edison; donde se comprueba el poder de las palabras y la creencia del hijo.

5- La disciplina es muy importante, se logra con tres acciones: orden, limpieza y puntualidad en todo lo que haga diariamente. Para lograrlo, se necesita más que una tonelada de paciencia y constancia (algo que nos sirve de apoyo es colocar alarmas con hora y nombre de la actividad.)

6- No juzgar: aceptar que cada ser humano es único, por lo tanto; no debo de compararlo con nadie, hacerle saber que es original. Que se pinte el cabello, se haga un tatuaje; o su vida sexual sea diferente, eso no lo define como persona; siempre será tu hijo, lo que importa son los sentimientos y valores con los que fue educado, lo que tú le enseñaste.

7- Buscar información: como padre, infórmate, investiga, lee; escucha audios que te den el poder para ayudar a tus hijos. Al estar bien tú, estarán bien todos los que te rodean, además; conoce a tu hijo, pregúntale: ¿Cuáles son tus mejores habilidades? Esto puede ser útil para encontrar su propósito de vida, aunque pueda tener dificultades para hallar sus puntos fuertes. Juntos los pueden encontrar.

8- Paga el precio, deja de estar comod@, y anima a tu hijo a salir de su zona de confort, y explorar el mundo que lo rodea. Hay tantos deportes diferentes; sé que vas a encontrar uno para tus hijos. En las escuelas existen varios clubs, cuando los jóvenes hacen deportes; ayudan a la comunidad, son más sanos y felices.

Eso sí, nunca pongas por excusa el dinero; el trabajo, el tiempo; que mi hijo no quiere, etc. He comprendido, que el que quiere busca la forma, todo es posible si tu lo quieres; la decisión es tuya.

*Hacerle saber de las consecuencias de sus acciones, cada acción, por muy pequeña o grande que tome en el presente, tiene consecuencias en el futuro. Brindar diferentes opciones de cómo es la vida, con ejemplos de historias propias. La vida es como un mapa; para llegar a un lugar hay diferentes caminos, hay unos caminos que se deben evitar.

La elección es nuestra.
Hay dos formas de comprobarlo:
1- Viendo la película o documental Thomas Alba Edison.
2- Comprobarlo por ti mismo; poniendo en práctica los 8 puntos.

Te preguntarás: ¿Qué tiene que ver esto, con la depresión, estrés y ansiedad?

Todo. Tu hijo te necesita, quiere amor, atención, sentirse parte de la familia, sentir que es importante; quiere un poco de tu tiempo y mucho más. Los hijos no vienen con instrucciones, los vamos criando con nuestras creencias, pero a veces las creencias no nos ayudan. Es tiempo de cambiar algunas creencias, como en otros tiempos.

Tú, con la visión de cómo quieres que sea tu vida y la de tu familia, tienes el poder de mover esas montañas que ahora son obstáculos en tu vida; si las miras como pruebas que te hacen más fuerte, será mejor para ti. Cuando pases por un reto en la vida, pregúntate: ¿Por qué me está pasando esto a mí?, ¿Qué voy a aprender?, y tendrás la respuesta.

Dicen que la vida nos da la misma lección, hasta que la aprendamos.

Agradezco a Dios y a ti que estás leyendo, con mucho cariño lo comparto, espero sea de apoyo, si es así; compártelo con alguien que creas que lo necesita. Te invito a practicar el agradecimiento todos los días, hacer tus decretos positivos y a mover tus propias montañas, ¡tú puedes, toma acción ya!, con el tiempo lo irás perfeccionando.

Arriésgate, aunque tengas miedo, enfócate en lo importante. Hoy empiezo una nueva vida, recibo este día con amor en mi corazón.

Visionarios USA
Jóvenes Escritores Latinos
#JEL
Creando activistas a través de las letras
info@editorialjel.org
VISIONARIOS
Emprendedores
CHICAGO
#JEL
SYLVIA CAMPOS
&
JANNETH HERNANDEZ
ANTOLOGIA #JEL
VISIONARIOS
Emprendedores
CHICAGO
CONOCE MÁS DEL COAUTOR
CARMELO MARTÍNEZ
Antología en beneficio del hogar para mujeres sobrevivientes de la violencia doméstica CORAZON DE VALOR Y FORTALEZA de Chicago dirigido por la escritora Best Seller Janneth Hernandez.
¡Ayudamos a ayudar, juntos podemos más!
Por el despertar de conciencia y la creación de nuestro propio destino en beneficio propio, de la familia y del mundo.
Visionarios USA

Carmelo Martínez

Carmelo tiene 36 años de edad, nació en los Sauces, Guerrero; México. Forma parte de una familia de 4 hermanos y 2 hermanas, siendo el cuarto hijo. Sus padres son Agustin Martinez y Oralia Mendoza. Es divorciado, tiene dos hijos que son su vida: Yahir Martinez y Zezili Martinez. En su pueblo, no terminó la escuela debido a que tuvo que emigrar. En los Estados Unidos, se le dió la oportunidad de estudiar en la Morton East HS, donde se graduó en el 2005. Tuvo que dejar de seguir estudiando, debido a que tenía que trabajar para ayudar a su familia económicamente.

Dos años antes de graduarse, empezó con la misión de hacer reír con su personaje de payasito sonrisas. Actualmente, trabaja en una fábrica de metal, y los fines de semana de payaso. Él deseaba ser algo más en la vida, y en plena pandemia del covid-19, en el año 2020, se metió a estudiar aire acondicionado y con su empeño y esfuerzo logró graduarse; y sacar su licencia universal.

En el 2011, tuvo mucha inquietud de dejar huella en el camino que iba recorriendo, dando gracias a Dios por el don que le dió de hacer reír. Se le abrieron más puertas, dedicándose a ayudar a los más vulnerables, llegando a trabajar con radio y televisión, sin imaginarse hasta dónde llegaría. Actualmente, trabaja y ayuda a los más vulnerables con su personaje; Payasito Sonrisas.

Una vida con propósito

Por: Carmelo Martínez

Siempre tuve el deseo de ser alguien en la vida, a la edad en que tengo uso de razón, trabajo en el campo; en la cosecha de maíz. Para poder ayudar a mis papás con los gastos, me puse a vender mangos en las calles de mi pueblo, cuando iba a la escuela; me salía temprano para llegar a casa y vender los mangos, generando dinero para ayudar a mi mamá con los gastos de la casa.

Hubo momentos en que la vida me dio fuertes lecciones. Sufría mucho por un dolor de cabeza llamado migraña, me tenían que poner litros de suero, pues con esos dolores me salía mucha sangre por la nariz; y me debilitaba, quería morir por no ver a mi madre sufrir.

Para ella era preferible que sufriera una sola vez, y no ver a su hijo sufriendo de esa manera, pero en sueños y en señales, sentía una vida con propósito, que si Dios me estaba dando esa lucha; era porque tenía un propósito conmigo.

Gracias a mis padres, especialmente a mi madre por la lucha constante junto a mí, llegamos a vencer esos dolores de cabeza, pidiendo a Dios cuál era el propósito que tenía para mí. Fuí creciendo, y me daba cuenta de la vida. A la edad de 11 años, tuve que emigrar a los Estados Unidos; para poder trabajar y ayudar a mi familia en

México. Cuando tenía 12 años, ya estaba trabajando en un restaurante, pero se me dió la oportunidad de estudiar la High School, y gracias a Dios logré graduarme en el 2005; sin embargo, no fue fácil todo.

Quise estudiar más; pero no pude seguir, tenía que trabajar para ayudar a mis papás, ellos estaban enfermos y requerían de mi apoyo; pero aún así, continuaba recordando que mi vida tenia un propósito, por qué a la edad de 5 años, yo me vestía de diferentes personajes para hacer reír a mi familia.

Cuál fue mi sorpresa, que a la edad de 17 años, empezó una nueva historia en mi vida de hacer reír a los demás; disfrazándome de payaso.

No era fácil porque no tenía nada de conocimiento de lo que me estaba pasando. cuando llegué a maquillarme con la pintura que los niños usan en el jardín de niños, o con pintura de mujer, no me da vergüenza decirlo; fue como empezé a ser mi personaje haciendo reír.

La vida de payaso no fué fácil; pero tampoco imposible para lograr mis objetivos, encontrando el propósito de vida que Dios me tenía preparado. El primer año que empecé, mucha gente me rechazó, hasta mi propia familia me decía que parecía un pordiosero pidiendo limosna, por como me vestía; porque no tenía ni idea de dónde comprar los accesorios.

En el restaurante en que trabajaba, me dieron la oportunidad de iniciar con mi payaso, era la atracción para que los clientes llegaran a comer. En el transcurso del tiempo, conocí un compañero y nos comunicamos para poder trabajar juntos, de ahí todo cambió, pues salimos a trabajar a otros lugares donde nos contrataban. Como todo principio tiene un fin, el día menos esperado; decidimos trabajar cada quien por su lado.

A la edad de 25 años, fué cuando pude comprender la vida con un plan, por qué Dios me dió la oportunidad de poder luchar por los derechos de las personas enfermitas.

Me he metido en cada problema, pero con el propósito de honrar a Dios, nada es imposible, porque Dios me dió el don de ser payaso; me dió una segunda vida. He trabajado para las emisoras de radio y televisión, donde me apoyan para realizar mis actividades de colectas de dinero para quienes lo necesitan. No hay preferencia, a todos ayudo por igual dando consejos.

Con mi personaje de payaso, se me han abierto tantas puertas, que hoy en día sigo luchando por mi gente, tomando las causas como si fueran para mí. Sigo comprendiendo por qué el propósito de mi vida, me siento como un instrumento de Dios; él me va guiando a lo que pueda hacer, amando a mi prójimo como a mi mismo, llevando alegría donde ahí tristeza; en los hospitales, y en los asilos de los señores de tercera edad.

Me siento un guerrero sobre las adversidades de esta vida, con propósito, teniendo en cuenta para qué vine a esta vida, desarrollando el don de ser payaso. La vida no es fácil; pero si se quiere se logra. Es una lucha constante donde colocas todo tu esfuerzo, de que si puedes lograrlo, no permitas que nadie te corte tus alas; tú puedes volar más alto de lo que crees. Debes emprender el vuelo como el águila, o ser tan fuerte como un rinoceronte; pero no permitas que las malas críticas te afecten.

Es en ese momento, donde tienes que ponerle más ganas a tu objetivo, no demostrarle a nadie más que a ti mismo, recuerda que para llegar a la cima no se requiere superar a los demás, sino a sí mismo. Vamos siempre tomados de la mano de Dios que nunca nos deja, para saber cuál es el propósito de la vida que Dios nos dió. Nunca te rindas, recuerda que Dios le da la guerra a sus mejores guerreros, y tú eres uno de ellos.

Actualmente, estoy apoyando a organizaciones sin fines de lucro, y a personas con necesidades especiales, donde mi propósito de vida sigue creciendo: llevar alegría, donde hay tristeza. Gracias a Sylvia E. Campos, por esta gran oportunidad de considerarme para plasmar parte de mi vida en este escrito. Compañeros, nos vemos en la cima; siempre con la humildad y sencillez que me caracteriza.

Atentamente Carmelo Martínez
("payasito sonrisas")

Visionarios USA
Jóvenes Escritores Latinos
#JEL
Creando activistas a través de las letras
info@editorialjel.org
ANTOLOGIA #JEL
VISIONARIOS
Emprendedores
CHICAGO
VISIONARIOS
Emprendedores
CHICAGO
#JEL
SYLVIA CAMPOS
&
JANNETH HERNANDEZ
CONOCE MÁS DE LA COAUTORA
YADIRA DIAZ GARCÍA
Antología en beneficio del hogar para mujeres sobrevivientes de la violencia doméstica CORAZON DE VALOR Y FORTALEZA de Chicago dirigido por la escritora Best Seller Janneth Hernandez. ¡Ayudamos a ayudar, juntos podemos más!
Por el despertar de conciencia y la creación de nuestro propio destino en beneficio propio, de la familia y del mundo.
Visionarios USA

Yadira Díaz García

Es originaria de México, tiene 37 años y actualmente radica en Chicago; Illinois. Uno de los logros que ha obtenido, es ser directora de una organización sin fines de lucro en pasarelas para niñas, adolescentes, y mujeres con diferentes edades. De igual manera, tuvo la oportunidad de ser la coordinadora en este concurso de pasarela, participando también como coautora del libro: "Mujeres Visionarias".

Yadira cumplió uno de sus sueños; tener su propio programa de radio online, con el propósito de motivar a las mujeres a llevar una vida más saludable.

Hoy, su pasatiempo es ser instructora de fitness, donde entrena a personas para que se conviertan a su vez en instructoras, y motivar así a más personas en la idea de tener un mejor estilo de vida. Está modalidad se llama Xco Latin by Jackie.

En el 2021, se convierte en coautora en la publicación del libro: Visionarias del Movimiento Visionarios USA.

"***Nunca es tarde para lograr tus sueños***"

Toma, acción y decisión

Por: Yadira Díaz García

Llegar a USA a mi corta edad, como lo dije en mi escrito anterior, en el libro Visionarias; fue muy complicado para mí, ya que tuve que enfrentar bullying y malos tratos en algunos de los lugares donde llegué a trabajar, para poder salir adelante.

Esas experiencias vividas me ayudaron a tomar ese impulso y coraje, al recordar el propósito del porqué llegué hasta aquí con mi madre; que en paz descanse.

Tener que trabajar para sobrevivir, fué la única opción que tuve, ya que no se me dió la oportunidad de estudiar; pues en ese tiempo le exigieron muchas cosas a mi mamá.

Trabajar y aprender de todo, me ayudó a ser alguien en la vida, porque sabía que tenía que realizar los gastos del día a día.

A mi corta edad, puedo argumentar que no me apena decir que soy "mil usos". Gracias a esas experiencias vividas desde niña, como ser vendedora ambulante, he aprendido que en la vida hay que salir adelante; para cumplir tus propósitos y metas en la vida.

¿A qué me dedico hoy en día?. Pues qué te contaré: Trabajo para la organización Ruby Fashion Show, como coordinadora de pasarela e imagen; donde motivo y ayudo a las niñas, jóvenes y adultas, en cómo sentirse seguras de su persona; y subir su autoestima modelando, aunque no tengan la experiencia.

Mi pasatiempo es dedicarme al fitness para motivar y ayudar a las personas a tener una vida saludable, y a la vez logren sus metas y propósitos; dándoles tips de apoyo y superación personal.

Mi propósito es que la mujer salga adelante, que salga de ese encierro cotidiano, de sus depresiones, mantenga su mente ocupada para que adquiera el valor de salir de su área cómoda, que confíe en ella para lograr sus sueños, que vea mi ejemplo de superación para decir: ¡Si ella puede, yo también!

Si tienes un sueño, que nada ni nadie te limite a realizarlo, que tu mayor objetivo sea: ser tú misma.

¿Cuáles son mis próximas metas?

Mi próxima meta, es seguir apoyando a la organización sin fines de lucro; como lo es el corazón de valor y fortaleza. Organización que apoya a las mujeres víctimas de violencia doméstica. Hacer grupos fitness, donde ayude a mujeres a cómo refugiarse en las rutinas para desahogo personal y superación, para que se sientan mejor ellas mismas.

¿Cómo me veo en un futuro?

- Como empresaria, mentora, conferencista y master trainer fitness.

- Realizando talleres de orientación a las mujeres, que necesitan apoyo emocional.

¿Cómo quiero que me recuerden en un futuro?

Como una mujer que rompió el hielo, que la mujer también puede realizar sus sueños, que tiene derecho a sentirse realizada y orgullosa de lo que haga, o desempeñe en la vida.

Quiero que haya más mujeres libres, luchadoras, que no se depriman y tomen el valor de salir adelante, sea lo que sea.

¡Por eso te digo una vez más!
Nunca es tarde para lograr tus sueños.

Visionarios USA
Jóvenes Escritores Latinos
#JEL
info@editorialjel.org
ANTOLOGIA #JEL
VISIONARIOS
Emprendedores
CHICAGO
VISIONARIOS
Emprendedores
CHICAGO
#JEL
SYLVIA CAMPOS
&
JANNETH HERNANDEZ
CONOCE MÁS DE LA COAUTORA
MINERVA
MELQUIADES
Antología en beneficio del hogar para mujeres sobrevivientes de la violencia doméstica CORAZÓN DE VALOR Y FORTALEZA de Chicago dirigido por la escritora Best Seller Janneth Hernandez.
¡Ayúdanos a ayudar, juntos podemos más!
Por el despertar de conciencia y la creación de nuestro propio destino en beneficio propio, de la familia y del mundo.
Visionarios USA

Minerva Melquiades

Minerva Melquiades, nació el 21 de septiembre de 1958, en El Salto, Guerrero; México. Su nombre era Efigenia Melquiades, pero más tarde se lo cambiaron, fecha de nacimiento al 24 de septiembre de 1957.

De niña siempre fue muy intrépida, y le gustaba sobresalir en todo lo que hacía. Se caracterizaba por su carisma y deseo de servir a la gente.

Minerva es una madre ejemplar, y un claro ejemplo de inspiración, por su indomable deseo de superación y resiliencia ante las adversidades y fracasos que ha superado; con una actitud mental positiva, fe y esperanza. Es autora y conferencista, su historia de superación ha impactado la vida de muchas personas, y tal como ella misma lo expresa:

Cuando eres una niña, la inocencia nos lleva a crear un sinfín de ilusiones y expectativas. Uno desea llegar a ser adulto, tener familia, casa, profesión, ¡todo!; sin embargo, en ocasiones la vida nos pone a prueba de diferentes formas; durante muchos años, sentí estar llevando una vida carente de sentido, dentro de la cual no me justificaba ni siquiera el poder disfrutar de un espacio en este mundo. Pero hoy en día, después de haber conocido los conceptos de superación personal; quien escribe este testimonio, es una mujer llena de vida; sueños y agradecimiento hacia Dios, por haberme llevado por un camino; que si bien fue duro, me permitió formarme como una persona fuerte; con fe y convicción.

El mantenerme estudiando, me ha ayudado a descubrir las virtudes que siempre tuve; y al conocerlas, poder aprovecharlas en mi beneficio y al mismo tiempo; compartir mis nuevos conocimientos con otras personas y que mis experiencias, se conviertan en una luz para aquéllos que desean mejorar su vida y ser felices.

Es autora del libro: "El Poder de la Fe y la Esperanza: Cada adversidad o fracaso trae consigo una semilla equivalente o mayor de éxito", que ha inspirado a miles de personas.

Actualmente, vive en Chicago con su hermosa familia. Es empresaria, y también se dedica a escribir libros de autoayuda, y a compartir su historia con el mundo a través de sus conferencias.

Nunca es tarde para emprender

Por: Minerva Melquiades

Mi nombre es Minerva Melquiades, y en esta ocasión, quiero agradecer la oportunidad de participar en este proyecto llamado VISIONARIOS. Me siento honrada y agradecida, al compartir una parte de mi historia como mujer emprendedora, y así poder dejar un mensaje de aliento y creencia en cada uno de ustedes.

Todos tenemos las mismas oportunidades, sigan sus sueños y es así como otro de mis anhelos se mira realizado al estar diciendo presente en este gran evento; en una causa a la cual me uno, pues en algún momento de mi vida; experimenté la violencia doméstica. Además, agradezco el haber recibido esta invitación de alguien a quien admiro; por su perseverancia, servicio a la comunidad; entrega a sus acuerdos, mi admiración por una amistad genuina; Sylvia E Campos. Ella es la directora de VISIONARIOS EMPRENDEDORES CHICAGO 2022, en su 3ra edición.

Hoy, les hablaré un poco más de la mujer emprendedora que vive en mi, soy originaria de Guerrero; México, y llegué aquí como una migrante más; a la edad de 15 años. Soy miembro de una familia pobre y muy humilde, soy la tercera hija de 5 hermanos, fui huérfana, realmente sé de pobreza, y eso me ha enseñado a ser más justa al compartir con los necesitados, proporcionando apoyo justo.

La vida no ha sido fácil, pero aprendí que con perseverancia, y a base de trabajo, sin dejar los sueños al lado; todo se puede lograr. Cuando llegue a USA, mi madre y uno de mis hermanos ya radicaban en este país, llegué a trabajar como la mayoría.

Al poco tiempo de estar aquí, mientras estaba embarazada, recibí un balazo en la espina dorsal, quedándome algunos fragmentos de la bala. Eso es solo una parte de mi historia, pues también soy madre de 5 hijos, sobreviviente de violencia doméstica. Esta es otra de las razones por las que participo en esta causa.

Agradezco a Dios, por permitirme seguir aquí; y en esta oportunidad decirte, a ti; que no te rindas, que no importa lo que vivas; tómalo para ser más fuerte. Mientras exista vida, hay ilusiones y sueños; mismos que se pueden cumplir con trabajo y dedicación.

La vida puede cambiar de un momento a otro. Después de 8 años de un divorció, llegó a mi vida un hombre más joven que yo; fue un gran apoyo en mi vida. Más que hablar en el plano económico, él siempre apoya mis proyectos y mis sueños. Esto lo menciono, para dejar saber a las parejas, lo importante que es tener y darse ese apoyo.

He intentado tener un negocio, buscándolo varias veces porque creo que emprender negocios; es uno de mis talentos. Tuve un restaurante, un grupo de zumba, y he invertido en varios más, buscando mi independencia y superación. He tomado cursos en varias áreas, para educarme lo mejor posible. Lo más importante, es que he invertido en mi transformación personal, trabajando en mi negocio de joyería. Me siento muy orgullosa de trabajar por 20 años en mi guardería infantil; de la que espero pronto jubilarme.

Mi consejo para ti, es mostrar que si no te rindes, puedes lograr lo que desees, comienza a identificar a los que avanzan, guíate con ellos. El temor estará presente, pero vencer el miedo es el objetivo, porque esa es una barrera difícil pero al intentar, ya vas viendo progreso hacia el cambio.

He hecho cambios en mi vida, por ejemplo: uno de mis miedos más grandes, era subir a un avión. Hace poco tiempo vencí ese miedo, porque encontré una causa poderosa que me motivó a perderlo: mis hijos tenían preparado un viaje a Francia, y mis ganas de pasar tiempo con ellos, después de estar trabajando de lunes a viernes; fue la razón y además me lo merecía.

Soy de las personas que sueña con dejar un legado de creencia y perseverancia, de lucha constante para lograr resultados, y que el día de mañana nuestros hijos y descendencia; tengan una historia que contar. Llegar a una edad mayor, teniendo la satisfacción de no ser carga para tus hijos en el plan económico, suena bien, además de seguir creando sueños al viajar, y divertirse. Nunca es tarde para emprender aquello que anhelas, no desistas, no importa cuantas veces te digan no. Cuantas veces te cierran las puertas; continúa tocándolas.

Se un ser humano generoso y humilde para recibir una enseñanza, comenzará mostrando lo que sabe, mira que las recompensas de estas buenas acciones, se reciben multiplicadas del creador.

Disfruta cada etapa de tu vida, adolescente, adulta o tercera edad, como madre, hija, hermana, abuela, etcétera, el aprender te dejará grandes satisfacciones para de tú vida. Evita la depresión, busca el motivó para salir de ahí, encuentra la motivación, pues una vez que tomas vuelo, ya no habrá quien te pare.

Trabajar en nuestra transformación, es vivir una sensación inexplicable, además de demostrarte a ti mismo, lo que eres capaz de hacer. Años atrás, apoyé a una organización sin fines de lucro, llamada: SAMARITANOS DE BUEN CORAZÓN, y por medio de su fundadora, recibí la invitación para apoyar a CAUSA, de Janneth Hernández y su organización CORAZÓN DE VALOR Y FORTALEZA. En apoyo a las víctimas de violencia doméstica, ofrezco parte de mi historia de superación, motivando a cada lector, haciendo saber que sí se pueden lograr los sueños. Esta es mi tercera participación como escritora, y eso también es parte de mi superación personal, y empresarial.

Espero que en la parte de mi escrito haya un mensaje positivo para ti. NO MIRES BARRERAS ANTES DE INTENTARLO, MUY DENTRO DE TÍ, EXISTE UN HOMBRE O UNA MUJER VISIONARI@ UN HOMBRE O UNA MUJER EMPRENDEDORA.

Visionarios USA
Jóvenes Escritores Latinos
#JEL
Creando activistas a través de las letras
info@editorialjel.org
ANTOLOGIA #JEL
VISIONARIOS
Emprendedores
CHICAGO
VISIONARIOS
Emprendedores
CHICAGO
#JEL
SYLVIA CAMPOS
&
JANNETH HERNANDEZ
CONOCE MÁS DE LA COAUTORA
ANGÉLICA ORTIZ
ARENAS
Antología en beneficio del hogar para mujeres sobrevivientes de la violencia doméstica CORAZÓN DE VALOR Y FORTALEZA de Chicago dirigido por la escritora Best Seller Janneth Hernandez. ¡Ayúdanos a ayudar, juntos podemos más!
Por el despertar de conciencia y la creación de nuestro propio destino en beneficio propio, de la familia y del mundo.
Visionarios USA

Angélica Ortiz Arenas

Es originaria de Cuernavaca; Morelos, e hija menor de una familia conservadora.

Egresada de la primera generación de la Licenciatura en Seguridad Ciudadana, de la facultad de Derecho y Ciencias Sociales, en la máxima casa de estudios de la Universidad Autónoma del Estado de Morelos.

Cuenta con una especialidad en Gobernabilidad Estratégica, por el Instituto de Capacitación y Desarrollo Político (ICADEP), así como un diplomado en pruebas Psicométricas y Psicológicas, del Centro universitario Latinoamericano de Morelos (CEULAM). Actualmente, es estudiante del tercer semestre de la maestría en Políticas Anticorrupción, del Instituto Nacional de Ciencias Penales (INACIPE).

Durante su carrera universitaria, y algunos años después; se desarrolló como deportista seleccionada estatal, regional y universitaria, de la disciplina de tiro con arco (modalidad compuesto femenil); con miras a la Selección Nacional de México.

Ex Funcionaria pública federal, de la secretaría de desarrollo social, delegación Morelos, donde se desempeñó en sus inicios, en el programa de adultos mayores, hasta llegar a ser directora estatal del programa Seguro de Vida Para Jefas de Familia. Interesada en la política, fué militante del Partido Revolucionario Institucional, y exlíder del grupo joven del municipio de Cuernavaca; Morelos, de la Expresión Juvenil Revolucionaría EJR.

Actualmente, reside en la Ciudad de Chicago, donde se desarrolla como corresponsal del Noticiero Nacional: "Punto de Visión" en los Estados Unidos, del canal Visión Latina T. V. con sede en los Ángeles; California.

"La verdadera alegría que hay en ti"

Por: Angélica Ortiz Arenas

Cuando decidí realmente entregarme, él llegó a inundar todo mi ser; recorría mi cuerpo como fuego, desde mí cabello, hasta la planta de mis pies. A pesar de mis imperfecciones, me tomó; a pesar de mí pasado, me aceptó; a pesar de mis inseguridades y dudas, me abrazó.

Él, solo quería saber y darse cuenta, que estaba dispuesta a entregarme con todo lo que humanamente yo poseía y era mi todo; sin embargo, bajo su mirada, ese sacrificio era parte de la restitución que haría en mi vida; para vaciarme y finalmente, llenarme con su presencia.

Solo era eso, tan simple, tan complejo, entregar todo lo que yo tenía; la lucha fue contra mis miedos, pero lo más difícil, fue entregar el sentimiento de quienes más amo en mi vida: mis padres.

Quien creería que mi corazón y mi disposición, no eran suficientes; él pedía todo, absolutamente todo de mí; creí que mi entrega había sido "justa", sin embargo; en el fondo sabía que no era así, él me da más de lo que merezco.

A pesar de que él ya había reconstruido mi corazón, y borrado todo el dolor que alguna vez me destrozó, dentro de mí; sabía que había secuelas. A pesar de que hubo un cambio radical en mi vida, desde mis pensamientos; mi actitud, mi expresión verbal; mi sentir e inclusive el vestir; poco a poco su dirección fue depurando lo restante. En mí pensar ya era "suficiente"; pero cuando di el último y más grande paso; supe que todo eso era solo el comienzo.

Algo más grande aconteció, pasé a ser otra persona, una mujer totalmente diferente. Cada día, ese fuego creció inundando todo mi ser, con la certeza de ser fuerte día y noche.

Bajo la tempestad y el porvenir, tengo calma en momentos turbios, y sé que bajo su yugo, todo estará bien, pero no es por la fuerza de mi brazo, sino mi fe en su presencia. La tranquilidad y el amor, son algo que finalmente conozco estando sola, también me ha dado nuevas habilidades y virtudes, puliendo aquellas que ya tenía.

Pero todo esto tiene una historia, debo aceptar que no fue fácil, detrás de todo existe una lucha muy grande. Una historia llena de dolor y de lágrimas, de días y noches en soledad, fuertes batallas con mi mente, de todos los sentimientos que me acompañaban.

Varias noches de insomnio y de rodillas, cuando la ansiedad y la melancolía me cubrían, tuve que caer hasta el fondo del pozo, para poder contemplar la luz. Estuve entre tinieblas viviendo la felicidad momentánea, aquella felicidad vacía que más allá de edificar mi vida me dañó, donde al terminar el día y al encontrarme con mi soledad, me consumía hasta el punto de que los malos momentos retornaban.

29 años dentro de ese abismo, para ser exacta, y hasta hoy, me doy cuenta que todo formó parte del proceso; hasta el último detalle fue una pieza para este rompecabezas.

Es curioso, cómo una decisión, una sola decisión, cambia el rumbo de nuestra vida; en mi caso, hasta librándome de la muerte.

Todo forma parte de una entrega individual, y una guerra que pocos aceptan y donde salen victoriosos, la clave, únicamente es esperar y confiar que él me sostiene en todo momento.

En este primer año, he aprendido lo que en toda mi vida no conocía, todo lo que justamente buscaba desesperadamente; y nada me saciaba.

Tengo la certeza que su obra aún no acaba, como vasija, me va moldeando, haciendo de mí una mujer virtuosa, una mujer con un valor tan alto, que sobrepasa infinitamente al de las piedras preciosas.

Mi pago; es que cada acción y cada palabra que salga de mí boca, puedan glorificarlo, se que no existe nada seguro en la vida, pero ante su presencia ¡Lo hay!, Si algo puedo expresar, es que en todo momento me demuestra que está conmigo; y que todo lo que suceda bueno o malo ante mis ojos, todo formará parte su propósito en mi vida.

"Porque el valor del oro se prueba en el fuego, y el valor de los hombres en el horno del sufrimiento."
Eclesiástico 2:5

Visionarios USA
Jóvenes Escritores Latinos
#JEL
Creando activistas a través de las letras
info@editorialjel.org
ANTOLOGIA #JEL
VISIONARIOS
Emprendedores
CHICAGO
VISIONARIOS
Emprendedores
CHICAGO
#JEL
SYLVIA CAMPOS
&
JANNETH HERNANDEZ
CONOCE MÁS DE LA COAUTORA
JOYCE A. GONZÁLEZ
Antología en beneficio del hogar para mujeres sobrevivientes de la violencia doméstica CORAZÓN DE VALOR Y FORTALEZA de Chicago dirigido por la escritora Best Seller Janneth Hernandez. ¡Ayúdanos a ayudar, juntos podemos más!
Por el despertar de conciencia y la creación de nuestro propio destino en beneficio propio, de la familia y del mundo.
Visionarios USA

Joyce A. González

La vida es hermosa tal como es, cada lucha que atraviesas, es un indicador que todo va conforme a lo planeado según el universo, y nuestro Padre.

Mi nombre es Joyce A. González, tengo 37 años de edad, y estoy muy orgullosa de ser una Chapina de corazón, nacida en la ciudad de Guatemala; un 28 de marzo de 1985.

Es un privilegio nacer en el país de la eterna primavera, Guatemala. ¿Por qué le llamarán así? Por su clima agradable durante todo el año, y por su diversidad de flora. El tema me interesó, e investigando encontré que el nombre original que nuestros ancestros le dieron a este bello país fue: "Náhuatl Quauhtlemallan" que significa lugar de muchos árboles.

A pesar de las dificultades físicas, llegué a ser una buena estudiante, logrando asistir a la universidad de San Carlos de Guatemala; en la carrera de Trabajadora Social.

Hace 4 años que vivo en Chicago, Illinois, con mis padres, José Manuel y Marilena de Gonzàlez y con mi hija Sophia, de 12 años. Mis padres, desde jóvenes, eran apasionados por el servicio al prójimo, juntos sirvieron apoyando y brindando amor en su iglesia local.

No fué fácil llegar a los Estados Unidos, tuve una espera de mi residencia por más de 14 años. Hoy, doy gracias a Dios, porque la espera terminó y, al igual que muchos, seguiré trabajando para encontrar mejores oportunidades para nuestra familia.

Actualmente, con mi familia, estamos trabajando en un proyecto de ayuda a personas de bajos recursos, y trabajo en una agencia de cuidado de niños. Estoy agradecida por las puertas que nuestro buen Dios nos ha abierto, y seguiremos adelante aportando nuestro servicio a nuestra gente. Te brindo mi cariño, y espero que mi testimonio sea de beneficio para ti.

Conquistando mi propia montaña

Por: Joyce A. González

Empezaré con este bello mensaje: "Cuídate a ti mismo, trátate con cariño y atención, entonces tu alma entrará en calor, y desplegará sus alitas." Tomado del libro "La Voz de tu Alma", del escritor Laing Garcia.

Doy gracias a la vida, por las batallas que he ido venciendo, agradecida por esas lágrimas y sonrisas, que me han formado cada día; para seguir luchando por mis propósitos. Seguir adelante, con la esperanza de saber que todo se va a ir acomodando; que tendremos un premio por cada fracaso, y nos sentiremos exitosos de ser seres de evolución y conciencia; brindando a nuestra humanidad, amor; bondad y perdón.

Agradezco a mis padres, por ser los pilares de apoyo incondicional en mi vida. A mi bella hermana María Mercedes de Ramírez, a mi hija, Marjury Sophia González, mi princesa, a quienes amo con todo mi corazón, y me impulsan a seguir adelante.

Mis padres, desde mis primeros minutos de vida; me han amado tanto o más que yo a ellos. Con ese gran amor, fuí concebida, fuí una niña deseada dentro de su hermoso matrimonio. El embarazo transcurría con normalidad, hasta que llegó el día de mi nacimiento; hace más de 30 años.

El doctor les indicó a mis padres, que había nacido con espina bífida. En ese tiempo, los avances médicos no eran como ahora, fuí operada de emergencia a los 21 días de nacida, si no se realizaba esa cirugía, iba a fallecer; o se complicaría mi condición.

Gracias a mis abuelitos paternos; Salomón y Vitalina de González y a mi Dios Padre, que tuvieron las condiciones económicas para brindarnos el apoyo para la cirugía.

Mi condición fue congénita (de nacimiento). Para darles una idea a mis queridos lectores, la espina bífida es un defecto de nacimiento, en el cual la médula espinal de un bebé no se desarrolla con normalidad. Mi condición médica fué el comienzo de un largo camino, con el que hasta hoy en día seguimos luchando. Doy gracias a Dios por sostenerme de su mano, sabiendo que, "ni siquiera la hoja de un árbol cae, sin que sea la voluntad de Él".

Cada prueba que he pasado, es para bien, por supuesto que el proceso no ha sido fácil, ser una persona con discapacidad física, usuaria de silla de ruedas, tenemos retos que nos hacen ser más fuertes día a día. Me queda claro, que aún con mi condición yo puedo lograr lo que me proponga. Sabemos que es un reto; veo con más claridad que existen personas que luchan, y alzan la voz para tener una vida más digna a favor las personas con algún tipo de discapacidad, mismas que logran sus sueños, siendo inspiración para muchas personas.

Lamentablemente, vivimos en una sociedad con estereotipos de discriminación, sin las atenciones necesarias básicas, que necesita una persona con discapacidad.

Leí en un artículo escrito por Pilar Rodríguez, del Programa y Servicios de la fundación FUNDABEM, que "La discapacidad, sigue siendo un movimiento de lucha que ha forjado herramientas de desarrollo social de las que otros colectivos; se están fijando y beneficiando, donde se han establecido causas viables; para que los grupos "sensibles" a la pérdida de sus capacidades económicas y laborales actuales, puedan seguir desarrollándose en un estado de derecho y protección social; que impulse a todos a participar con la misma actitud en pensamiento, lenguaje y comportamiento."

Si bien sabemos que hay muchas organizaciones que apoyan a nuestros hermanos, aún falta mucho por hacer.

Todos en algún momento de nuestras vidas, experimentamos algún tipo de discriminación; sin importar raza, color o preferencia sexual; deseo enfatizar y alzar la voz, ante el tema de la discapacidad.

Ahora que vivo en los Estados Unidos, he visto la falta de apoyo a nuestros hermanos inmigrantes con discapacidad. ¡La lucha sigue! Es importante concientizar estos temas dentro de nuestra sociedad. Esto no quiere decir, que no existe la esperanza. Hay grupos de apoyo, que han ayudado a muchas familias, niños y jóvenes; logrando sus sueños a través de la lucha.

Todos somos responsables de nuestros actos; y a dónde queremos ir, me considero una persona muy entusiasta, he sido voluntaria en algunas organizaciones sin fines de lucro, tanto en Chicago, como en mi país natal; Guatemala.

¡Donde mi silla de ruedas y yo tengamos la oportunidad de servir, lo haremos!

Cada uno de nosotros, podemos aportar grandes riquezas para la vida de cualquier persona. Es un privilegio ser parte de esta antología, y ver los aportes de otras personas a este libro; sus luchas y testimonios.

Todos podemos aportar algo maravilloso a nuestra sociedad, no te detengas, sigamos, tu eres especial; y brindas un aporte que es tu sello personal para seguir marcando a otros.

Como dijo el actor Chistopher Reeve: “Creo que marcarse retos motiva enormemente, demasiadas personas con discapacidad, hacen de ella el factor dominante en sus vidas, yo me niego a permitir que una discapacidad determine cómo vivo mi vida”. Algo que les aconsejo a los padres y miembros de familia; es que si tienen a un hijo o hija con algún tipo de discapacidad, háganle saber que confían en ellos, que ellos pueden, que avancen a su propio paso, pero que sepan que si lo pueden lograr.

La sobreprotección no ayuda mucho, y les puede afectar cuando sean adultos. Es en esta etapa, donde ven la realidad de sus propias vidas, y es nuestra responsabilidad de que todos tengan diferentes oportunidades, dependiendo de sus capacidades.

En mi vida, tuve que enfrentar muchas entradas y salidas a hospitales. Desde que era una niña y hasta la fecha, he sufrido depresiones como cualquier otra persona, pero mi determinación me ha hecho una persona fuerte, encontrando mi camino y mi propósito.

Nada es fácil, puede ser que en este momento, estés pasando por alguna dificultad, y no lo puedes entender, ¿sabes?, a veces nos desgastamos pensando: ¿Por qué? ¿Por qué me divorcié? ¿Por qué me despidieron? ¿Por qué aún no tengo una estabilidad económica? ¿Por qué desfallezco continuamente con mi salud?.

Ten paz, solo confía que todo se arreglará y para bien. Tus luchas enriquecerán tu alma. Pareciera chistoso, pero la vida no sería vida, sin pruebas ni dificultades, ten fe en ti mismo. Actualmente, me siento bendecida por seguir adelante con nuestros proyectos en familia.

Hace un año formamos un proyecto llamado "JÉSED" que significa: "bondad y misericordia".

Un proyecto que nos llena de gozo, por seguir apoyando a algunas familias de escasos recursos en Guatemala, Venezuela y México, y apoyando a instituciones dentro de Chicago. Este proyecto es nuestro bebé, es nuestro agradecimiento, por lo mucho que la vida nos ha dado, nada regresará vacío; cuando es una ofrenda entregada con amor.

Actualmente, participo en la organización llamada: DARE2TRI. Se trata de una organización sin fines de lucro, con sede en Illinois, que tiene la misión de mejorar la vida de las personas con discapacidad física y visual, mediante la creación de confianza y comunidad.

Actividades, tales como el ciclismo y carreras, competencias en diferentes deportes; y al mismo tiempo, cultivando un sentido de comunidad para los atletas. Que no sean etiquetados por su capacidad física, sino por su determinación y voluntad de triunfar.

También, participo una vez al mes, en una radio comunitaria, llevando fé a nuestras comunidades, y haciendo aportes de ayuda social para nuestros hermanos que lo necesiten. Se trata de que tengas fé en ti mismo (a), vendrán días difíciles, un sueño no se hace realidad por arte de magia, necesita trabajo; tener determinación.

Tu deseo de alcanzar el éxito debe ser mayor que tu miedo al fracaso.

Infinitamente, gracias a la vida, por darme la oportunidad de brindarte con todo cariño, mi testimonio a esta maravillosa antología, cuya misión: es apoyar a mujeres y niños que son víctimas de abuso doméstico.

Gracias, gracias, por ser parte del cambio.

Visionarios USA
Jóvenes Escritores Latinos
#JEL
Creando activistas a través de las letras
info@editorialjel.org
ANTOLOGIA #JEL
VISIONARIOS
Emprendedores
CHICAGO
VISIONARIOS
Emprendedores
CHICAGO
#JEL
SYLVIA CAMPOS
&
JANNETH HERNANDEZ
CONOCE MÁS DEL COAUTOR
ALEJANDRO
GONZÁLEZ MARTÍNEZ
Antología en beneficio del hogar para mujeres sobrevivientes de la violencia doméstica CORAZON DE VALOR Y FORTALEZA de Chicago dirigido por la escritora Best Seller Janneth Hernandez. ¡Ayudamos a ayudar, juntos podemos más!
Por el despertar de conciencia y la creación de nuestro propio destino en beneficio propio, de la familia y del mundo.
Visionarios USA

Alejandro González Martínez

¡Hola! Mi nombre es Alejandro González Martínez, soy de Durango, México. Padre de una hermosa niña de nombre María Julia, y dos galanes; Matías, Alejandro y Samuel. Felizmente casado con Dennise Valenzuela, y con ganas de seguir viviendo, para poder ayudar a quién más lo necesita.

Tengo la licenciatura en Ciencias y Técnicas de la Comunicación, desde antes de egresar y a la fecha, he podido ejercer en lo que con esfuerzo estudié.

Iniciada la carrera, mi padre me comentó que debíamos hacer una pausa por complicaciones económicas, en lugar de hacer caso, y esperar a que siguieran pagando mis estudios; decidí hacerlo yo mismo. Trabajé dando clases de natación, como enfermero y también reportero, de igual manera como conductor de un canal de televisión local.

A mis 40 años de edad, he podido vivir y disfrutar la vida con esfuerzos y sacrificios, pero siempre dando gracias a Dios por un día más de vida, misma, que es una oportunidad para ser feliz, regalar y robar una sonrisa, ayudando a quien más lo necesita. Hubo una época de mi vida, en donde ya no quería saber nada, me quebré, pensando que nunca pasaría, tuvimos la pérdida de un hijo, 'Samu'. El tiempo que vivió, pude estar con él; tocar su rostro, disfrutar su belleza; le pude hablar, y le dije que lo amábamos con pasión y con locura. Después de algún tiempo, pude salir adelante con la ayuda de mi esposa, mis hijos, familia en general, así como de amigas y amigos, quienes con sus palabras de aliento; me sacaron del hoyo en el que estaba.

Dejar huella en la humanidad y transmitir eso a mis hijos es lo mejor que puedo hacer en la vida

Por: Alejandro González Martínez

Toda mi vida, he visto las diversas formas de ayudar a la gente más vulnerable, esto, gracias a mis abuelos tanto maternos como paternos. Además, mis papás, Francisco y Celina, siempre nos han dicho a mis tres hermanos y a mí, que demos algo de lo que tenemos.

Esto se me quedó muy grabado, y es que gracias al esfuerzo de ellos, siempre tuve comida en la mesa, zapatos, tenis y ropa para vestir, claro, eso nunca se les regaló; fué por el trabajo que siempre realizaron. Mi primer trabajo, fué como ayudante en unos materiales de construcción: negocio de mi papá.

Después, fuí empacador en una tienda comercial (cerillo), instructor de natación, mesero en una taquería, todos estos trabajos para ayudar un poco en casa, así ya no pedía dinero; y me lo gastaba en lo que yo quería.

Durante mis estudios y después, tuve la dicha de seguir trabajando, tanto en medios de comunicación, como en la función pública desde mi trinchera, siempre ayudando. No te preguntes qué hacen los gobiernos por ti, ¿pregúntate que haces tú por ayudar?.

Gracias a mis papás, formé parte de un grupo religioso llamado: Familia Educadora en la Fe, donde hice mis primeros apostolados. Acudimos a colonias a llevar ropa, les hacíamos posadas, quebrábamos las piñatas, les dábamos aguinaldos, pero lo mejor: convivíamos con ellos, eso me dejó huella en el corazón.

Pasó el tiempo, y en la medida de mis posibilidades, continuamos apoyando a la gente de diversas maneras. Para diciembre, mi novia, ahora esposa Dennise Valenzuela y yo, juntamos ropa con nuestras amistades, la entregamos en manos de gente necesitada, la sonrisa en sus rostros, era la mejor recompensa para esas temporadas decembrinas.

Lamentablemente, hubo un incendio, mismo que acabó con algunas casas. Nos organizamos y, a través de redes sociales, pudimos juntar diversas cosas para llevar a las familias que vivieron esta desgracia.

Las redes sociales han sido una herramienta muy importante para generar acciones positivas y propositivas. Hace dos años, ya con nuestros hijos vivimos algo maravilloso, resulta que íbamos atrás de un camión recolector, Matías nos preguntó cuál era su función.

Le explicamos que los trabajadores, se encargan de que todo Durango luzca limpio, "ellos recogen la basura de nuestras casas", les comenté que a veces, tienen que lidiar con perros callejeros, con la lluvia, con el calor, también con gente irresponsable que tira vidrio, varios de esos trabajadores; hasta cortes en sus manos se hacen. Julia y Matías (nuestros cuates), preguntaron: ¿qué podemos hacer para ayudarlos? A los cuatro se nos ocurrió darles cenas navideñas para ellos y sus familias.

De nueva cuenta, las redes sociales nos ayudaron, y pudimos entregar más de 200 paquetes para que tuvieran en su mesa una rica comida. Ya son dos años consecutivos que lo hacemos, y vamos por más. Tanto en esta dinámica, como la que explicaré a continuación, nuestros amigos (paisanos) han jugado un papel importante, pues se han sumado a la iniciativa de mis hijos.

Una niña publicó en redes sociales, que vendía sus muñecas para poder tener recurso y ayudar a sus papás, su progenitor estaba delicado de salud y en silla de ruedas, por lo que no podía trabajar, su mamá no encontraba trabajo. Con el apoyo de gente de buen corazón, pudimos comprar un refri, se lo llenamos con despensa.

También les compramos dulces, papas y algunos otros productos, para que la mamá pudiera emprender un negocio. Asimismo, al papá le compramos un par de aparatos para arreglar celulares, ya que él se dedicaba a eso. Sin duda alguna, este tipo de acciones nos llegan directo al corazón, porque podemos ver la felicidad de nuestros hermanos, gracias al buen corazón de la gente, que siempre está dispuesta a apoyar. Por otra parte, quiero platicarles que hace un par de años, inicié con un proyecto denominado 'Amigo Paisano Cuéntame tu Historia'.

En este, he podido conocer la vida de mexicanos, principalmente de Durango, que han migrado a Estados Unidos dejando a su familia, amigos, casa, su comodidad; saliendo de su zona de confort. Algo muy importante, que hemos podido generar con esta Fanpage, es que pudimos localizar a una persona que se perdió en el desierto, al intentar cruzar a la Unión Americana, él era de otro país.

Esto lo hicimos posible, gracias al apoyo incondicional del grupo de búsqueda y rescate 'Paralelo 31'. Estoy haciendo buena sinergia con nuestros amigos paisanos, siempre pensando en poder ayudar a quién más lo necesita. Amable lector, gracias por darte unos minutos de tu valioso tiempo, para conocer un poco más de tu amigo Alejandro González. Te invito a darle me gusta a la Fanpage: 'Amigo Paisano Cuéntame tu Historia'.

Misión:

A través de acciones encaminadas al bienestar de la sociedad, demostraremos que somos más los buenos, qué podemos ayudar a quién más lo necesita, y que juntos construiremos una sociedad más fuerte. Quiero dejar un mejor futuro para las nuevas generaciones.

Visión:

Estamos viviendo tiempos difíciles en diversos ambientes sociales, día con día, trabajo para evitar que mis hijos se enfrenten a las mismas adversidades a las que me estoy enfrentando como ser humano. Quiero dejar un mejor lugar para niñas y niños. Estoy convencido, que si trabajamos de la mano podremos lograrlo.

Visionarios USA
Jóvenes Escritores Latinos
#JEL
Creando activistas a través de las letras
info@editorialjel.org
ANTOLOGIA #JEL
VISIONARIOS
Emprendedores
CHICAGO
VISIONARIOS
Emprendedores
CHICAGO
#JEL
SYLVIA CAMPOS
&
JANNETH HERNANDEZ
CONOCE MÁS DEL COAUTOR
JUAN CARLOS
GUEVARA ORTIZ
Antología en beneficio del hogar para mujeres sobrevivientes de la violencia doméstica CORAZÓN DE VALOR Y FORTALEZA de Chicago dirigido por la escritora Best Seller Janneth Hernandez. ¡Ayúdanos a ayudar, juntos podemos más!
Por el despertar de conciencia y la creación de nuestro propio destino en beneficio propio, de la familia y del mundo.
Visionarios USA

Juan Carlos Guevara Ortiz

Mexicano, radica en la ciudad de Chicago, desde hace más de 20 años. Apasionado por la lectura, la salud financiera, física y mental.

Su lema es: Mi paz mental vale más que un millón de dólares.

Y para llegar a una paz mental plena, él estudia, practica y facilita la filosofía de vida llamada: METAFÍSICA.

El ser humano tiene el deber de ser un visionario para sí mismo, para su familia y el mundo entero, por lo que al compartir esta filosofía, ayuda a ver las cosas como pueden ser, y no como son. Los seres humanos, tenemos más de 60 mil pensamientos y decimos más de 10 mil palabras al día, por lo que es fundamental erradicar la negatividad, cambiando el rumbo de nuestra vida.

"La paz mental vale más que un millón de dólares"

Por: Juan Carlos Guevara Ortiz

Soy Juan Carlos Guevara Ortiz, orgullosamente Mexicano, nacido en una hermosa ciudad llamada Tulancingo; Hidalgo, radico en Estados Unidos desde los 17 años. Mi experiencia de vida, me ha llevado a afirmar que: "MI PAZ MENTAL, VALE MÁS QUE UN MILLÓN DE DÓLARES"

Pero para llegar a esto, tuve que pasar por grandes desafíos en mi vida, los cuales, me ayudaron a buscar herramientas para ser mejor.

Entre ellas, generé el hábito de devorar libros, para empaparme de la sabiduría de muchos autores, podría decir que mi adicción era la lectura, sin embargo; me dí a la tarea de no nada más leer, sino también; poner en práctica lo que los libros nos enseñan.

También decidí tomar diversos cursos, que me ayudaran a tener un mejor estilo de vida, tales como:

1. La llave del éxito.- (Centro Internacional de Programación Neurolingüística) el camino a una vida de excelencia.

2. Liderazgo Cristóforo.- Uno de los mejores cursos de liderazgo y superación personal, que me ayudaron a descubrir mis talentos, mi poder interno; y a seguir desarrollando el talento de servicio y gratitud.

3. Talleres de locución.- Cursos que me han dado herramientas para poder transmitir mensajes, a través del micrófono.

4. Cómo reconocer y reprogramar tu mente inconsciente. Curso impartido por Ricardo Perret, autor de varios de mis libros favoritos. Siempre digo que es la mejor inversión para mejorar mi estilo de vida y mi paz mental, porque en los cursos de él, aprendí a ser más productivo; saludable y feliz.

5. Certificación de life insurence.- Certificación que me ha dado el conocimiento para transmitir a otras personas, la importancia que reviste el tener un seguro de vida, para no dar dolores de cabeza a nuestros deudos ante la muerte.
Al mismo tiempo, he aprendido sobre finanzas, y de esa paz financiera que podemos adquirir; al saber, ahorrar e invertir.

6. Cursos de metafísica.- Los 7 principios universales, mentaliza tu vida, entre otros cursos de una filosofía de vida que práctico todos los días, los 365 días del año, las

24 horas y cada segundo de mi existencia; y que me han hecho un ser de paz.

Soy apasionado por la lectura, tomando lo mejor de cada libro, de cada sabiduría de los autores. Recuerdo un fragmento que leí de la psicóloga Miroslava Ramírez, que dice algo así: "Las cicatrices forman parte de nuestro ser desde la primera caída en bicicleta, así como la última cortada de mi mano derecha, al igual, hay cicatrices del alma, que si no perdonamos justo en el momento y a la persona que hizo esa cicatriz, no sanará y te llevara a desafíos que harán que vuelva a doler tanto como cuando sucedió o harán que vivas instantes; que ni tú puedas comprender por qué".

Así, fue como un día en una entrevista de radio, con una simple pregunta que me hicieron respecto a mi padre, comencé a llorar, sin saber por qué. Era algo que sentía en el pecho, como un dolor profundo del alma; así que indagué dentro de mí.

Con la ayuda de la meditación, regresiones y otras herramientas de crecimiento personal como: libros y cursos de diversa índole; llegué a tener que preguntar a mi madre sobre los meses que estuve en su vientre, quería saber cómo fué mi vida antes de nacer, siendo ahí, en ese instante; donde me enteré que mi madre sufría violencia doméstica, y que una tarde mi padre, sin consciencia, perdido en los estragos del alcohol; pateó a mi madre, dejándola tirada en el suelo.

Aunque yo no nacía aún, me queda claro que un ser vivo desde el vientre, ya recibe todo del exterior; y yo estaba ahí, justo en el vientre de mi madre; llorando con ella, sufriendo juntos.

Fué entonces cuando recurrí a la metafísica, entendí que había una cicatriz dentro de mi alma, y la cual tenía que sanar con el perdón. La filosofía de la metafísica, me enseñó a perdonar a mi padre y sus acciones, perdoné a mi madre y a mi mismo.

Tengo la certeza de que Dios nos ama a todos y cada uno de nosotros; se que Dios está conmigo, y cada cicatriz no es una mala experiencia, solo se trata de momentos diferentes que vivimos, y que nos traen enseñanzas.

Es importante mencionar que si no perdonamos, habrá siempre heridas que nos causarán dolor, pero si al contrario de eso; perdonamos, transmutamos todo lo negativo en positivo, bendiciendo cada situación y a cada persona; entonces, las heridas serán parte del ayer, y conocerás una mejor versión de ti.

Orgullosamente, comparto con todos los lectores de mi historia, que hoy en día tengo una sana relación con mis padres. También, con la madre de mis 2 hermosas princesas, de quienes me siento orgulloso por ser su padre, agradecido con Dios por la misión que en esta vida me dió, que es guiarlas por el camino del bien , el amor y la felicidad.

Como padre, también he cometido errores, pues en algún momento dedicaba la mayor parte del tiempo al trabajo, sin darles tiempo a mis pequeñas hijas.

Para darme cuenta de la importancia que tiene el tiempo de calidad con los hijos, tuve que atravesar por vivencias como el divorcio, experiencias que te hacen despertar, para darte cuenta que nada, ni nadie, debe estar por encima de los hijos y la familia; que es realmente valioso el tiempo de calidad, así como el amor que como padres podemos ofrecer. Hoy en día, aunque mis hijas son adultas, busco momentos para hacerlas sentir cuánto las amo.

Actualmente, tengo una hermosa relación con una mujer, con la que comparto una vida basada en el amor, el respeto y la confianza. Juntos, seguimos creciendo y aprendiendo a ser mejores seres humanos, compartiendo talleres de crecimiento personal con la comunidad, a través de DUGUE; la compañía que ambos creamos.

He aprendido a apoyar a mis semejantes, por ello, me uní como voluntario en el 2019, a la organización sin fines de lucro: "Samaritanos de buen corazón"; donde es muy satisfactorio poder servir.

Ahora, soy impulsor de familias con hijos más felices, que tienen padres que se dan el tiempo para crear momentos únicos, y que guían con amor a lo más preciado que tenemos.

También, soy impulsor de una humanidad con paz mental; y para ello práctico primero que nada, todos los días y a cada instante, lo que esta filosofía de vida llamada Metafísica, me ha enseñado. Vivo feliz; rodeado de paz y espiritualidad.

Mi más grande satisfacción, es poder ayudar a otras personas a que descubran sus heridas, sanen, y aprendan a vivir con ese amor intenso por la vida; ese amor que da la paz mental.

Es por eso que resalto siempre, que : MI PAZ MENTAL VALE MÁS QUE UN MILLÓN DE DÓLARES.

Visionarios USA
Jóvenes Escritores Latinos
#JEL
info@editorialjel.org
ANTOLOGIA #JEL
VISIONARIOS
Emprendedores
CHICAGO
VISIONARIOS
Emprendedores
CHICAGO
#JEL
SYLVIA CAMPOS
&
JANNETH HERNANDEZ
CONOCE MÁS DE LA COAUTORA
ELIZABETH
DUECKER CIÉNEGA
Antología en beneficio del hogar para mujeres sobrevivientes de la violencia doméstica CORAZON DE VALOR Y FORTALEZA de Chicago dirigido por la escritora Best Seller Janneth Hernandez. ¡Ayudamos a ayudar, juntos podemos más!
Por el despertar de conciencia y la creación de nuestro propio destino en beneficio propio, de la familia y del mundo.
Visionarios USA

Elizabeth Duecker Ciénega

Mexicana, radica en Estados Unidos desde el 2005, Maestra de Profesión; con posgrado en psicología y problemas del intelecto.

Ama la vida y la poesía, es autora de 2 libros titulados: "De mi corazón al tuyo" y "Tiempo". Ha estudiado locución y cursos de liderazgo con superación personal, lo que la ha llevado a participar en radio, televisión y revistas, no solo en U.S.A., sino también en México y Perú.

Ama compartir temas de motivación, impartiendo conferencias y talleres a mujeres y familias, con el propósito de aportar crecimiento personal a la comunidad; pues anhela una comunidad más feliz.

Su lema es: "NACIMOS PARA SER FELICES, Y TODOS MERECEMOS SERLO"

"Todos nacimos para ser felices y todos merecemos serlo"

Por: Elizabeth Duecker Ciénega

Elizabeth Duecker, mexicana, nacida en la ciudad de Celaya; Guanajuato. Siendo la hija menor entre cuatro hermanos, creció siendo amada por sus padres y hermanos, su madre; fue una mujer muy amorosa y alegre, quien le enseñó a amar la naturaleza y sobre todo: a valorar lo hermosa que es la vida.

Tuvo la bendición de una guía estricta de su padre, quien no únicamente le mostró, con el ejemplo, a amar la lectura: sino que también, con disciplina y amor; le enseñó la manera de tomar sabias decisiones en su vida.

Pero Elizabeth, no sabía lo que la vida le tenía reservado. Ella comparte haber tenido vivencias duras, que marcaron su vida y que en dos ocasiones; tuvo que tomar una maleta con los sueños aparentemente rotos, pero con la firme convicción de que Dios tenía un plan mejor para ella.

La primera vez, fue cuando decidió no regresar a su país, y adaptarse a una nueva vida en el extranjero, lo cual le trajo lágrimas, desesperanza; más esto la hizo encontrar un nuevo camino en el que descubrió a Dios. Luego de llegar a los Estados Unidos; descubrió la fortaleza que llevaba dentro, aprendiendo a percibir el valor de las personas no por un título universitario, ni por un puesto de trabajo, tampoco por un nivel o clase social; sino que simplemente, pudo ver con claridad, que todas las personas valemos por nuestra esencia.

La segunda ocasión, fue aquella tarde en que tomó un par de bolsas para la basura, introduciendo en ellas un poco de ropa y zapatos, tomando a su pequeño hijo de la mano, para decir con valor: ¡Basta!

Sí, ¡basta!, no más humillaciones de un hombre alcohólico. Ahora, no solamente llevaba una maleta, también tendría que comenzar de nuevo. Tuvo que renunciar a su trabajo, a su casa; a sus pertenencias, a muchas cosas; teniendo que sufrir las críticas de la sociedad.

Aunque aquella fue una muy dura experiencia, su madre le enseñó, con palabras sabias, el poder que significan los caminos recorridos; y las lágrimas derramadas. Eso le dio fuerzas para seguir adelante, por lo que hoy en día, sabe que con fe, después de un día gris, vendrá el más hermoso arcoíris.

Que detrás del miedo, está lo mejor de cada ser humano, que detrás del dolor de una mujer, de una madre humillada, puede haber una mujer poderosa, capaz de crear un camino diferente en la vida. Fue entonces, cuando Elizabeth recordó su infancia feliz, recordó que la alegría existe, llevándola a perdonar, logrando ser una adulta sin rencores.

En la actualidad, no solamente encontró a un hombre que la ama y respeta; también, Dios le brindó el amor y la sabiduría; para seguir guiando a sus 3 hijos, enseñándoles valores que los hagan ser mejores personas y vivir con gratitud. Dios, también le ha dado la alegría de ser abuela, viendo en sus nietos reflejados el amor puro y sincero.

Elizabeth fue criticada y juzgada por otras mujeres; por atreverse a decir: BASTA, pero tiene la gran bendición de conservar amigas que la valoran y la aceptan; aún con sus desafiantes decisiones.

De igual manera, ha encontrado una fórmula para ser feliz, teniendo paz interior, estando en paz con todo ser humano, compartiendo con otras mujeres el poder de perdonar. Sanar, amarse a sí mismas, entendiendo claramente que los sueños jamás se rompen, a veces, llegan como bendiciones disfrazadas de malas experiencias.

Ella continúa trabajando en su crecimiento interno, apoyando a otras personas en su desarrollo personal, utilizando diversas herramientas, para demostrarle a otras mujeres que nadie ha de vivir por ellas; la vida es una experiencia personal. También ama compartir temas de motivación con familias, parejas, adolescentes y mujeres;

impartiendo conferencias con el propósito de lograr una comunidad más sana y feliz.

Ha sido parte del club de mujeres: "Transfórmate mujer", fue la creadora de la compañía de promoción de eventos: "Soy real promotions", hoy llamada "DUGUE", que es parte voluntaria de la organización sin fines de lucro: "Samaritanos de buen corazón".

Actualmente, es creadora del club de mujeres: "El cafecito con Elizabeth Duecker", espacio en el que provee las herramientas necesarias para apoyar a las mujeres en el arte de valorarse y creer en sí mismas.

Ella se siente sumamente feliz y agradecida con Dios, por cada instante de su existencia. Por esa experiencia perfecta a la que llama: "Aprendizaje de vida", agradece la oportunidad de continuar escribiendo la página de su historia.

Se siente feliz por cada cicatriz física o interna, que con amor ha aprendido a perdonar y hoy la hace ser quien es.

Le satisface cada lágrima derramada, y aunque en algún momento de la vida, sentía que le faltaba el aliento, hoy puede dibujar en su rostro la más pura y sincera sonrisa; que refleja la paz de su alma. Elizabeth se siente tan agradecida con Dios por cada persona que ha sido parte de su historia, que no cambiaría nada ni quitaría a nadie, pues todo tiene una razón perfecta de ser y una lección detrás.

Ella es visionaria de una vida plena para todo ser humano, al creer firmemente que el amor lo puede todo, pues a través de sus caídas y derrotas, de sus lágrimas y risas ve claramente el perdón, la fe y el amor.

De modo que su lema es: "NACIMOS PARA SER FELICES; Y TODOS MERECEMOS SERLO"

Visionarios USA
Jóvenes Escritores Latinos
#JEL
Creando activistas a través de las letras
info@editorialjel.org
VISIONARIOS
Emprendedores
CHICAGO
#JEL
SYLVIA CAMPOS
&
JANNETH HERNANDEZ
ANTOLOGIA #JEL
VISIONARIOS
Emprendedores
CHICAGO
CONOCE MÁS DEL COAUTOR
EDGARDO
ARROYO DIAZ
Antología en beneficio del hogar para mujeres sobrevivientes de la violencia doméstica CORAZÓN DE VALOR Y FORTALEZA de Chicago dirigido por la escritora Best Seller Janneth Hernandez.
¡Ayúdanos a ayudar, juntos podemos más!
Por el despertar de conciencia y la creación de nuestro propio destino en beneficio propio, de la familia y del mundo.
Visionarios USA

Edgardo Arroyo Díaz

Edgardo es Presidente y fundador de: "Tu Lo Decides Chicago, Centro de DESARROLLO HUMANO".

-Master Trainer (Entrenamientos Vivenciales)
-Asesor de la C.P.S. (Escuelas públicas de Chicago)
-En el departamento de cultura y lenguaje, como entrenador vivencial de alto impacto para niños, jóvenes y adultos.

Talleres: de parejas, retiros de liderazgo, así como charlas con un alto significado del crecimiento, en sesiones personalizadas.

Apoyando a diferentes organizaciones e iglesias en la rama de liderazgo y desarrollo humano, creando equipos de alto impacto, familias unidas, amorosas, y jóvenes proactivos con visión de un mundo mejor.

Sabemos que todos disponemos de un potencial interno y extraordinario, el cual nos permite desarrollarnos humanamente, experimentando la vida en un mundo de cambios rápidos.

En ciertas ocasiones, nos olvidamos de mirar dentro de nosotros, de observar cómo somos, y responsabilizarnos de las decisiones que tomamos, la manera en que reaccionamos, así como la forma en que asumimos nuestros compromisos.

Por eso te invitamos a experimentarlo y vivirlo.
Cell. (224)795-3285
Facebook: Edgardo Arroyo D - Tú Lo Decides
www.tulodecides-il.jomdo.com
tu_lo_decides2@hotmail.com

Cuando creí que ya era todo

Por: Edgardo Arroyo Díaz

Si me permiten, voy a contarles cómo llegué a ser un entrenador de transformación en desarrollo humano.

al igual que muchos emigrantes, llegué a los Estados Unidos con las ganas de alcanzar el sueño americano, ese del que muchos platicaban. Recuerdo que debajo de mi brazo traía mis metas, mis sueños, poder regresar a méxico por mis hijas; más nunca imaginé lo que el destino tenía para mí.

De repente, después de tener una familia, me quedé sin nada, la vida me jugó una mala pasada, todo se derrumbó, pero en el proceso, no imaginé lo que venía. Después de un año de altas y bajas, en el 2000 sucedió lo que parecía imposible.

Por cosas del destino, un día recibí una llamada: era de la madre de mis hijas, quien me ofreció que las trajera conmigo. El cielo se iluminó, pues no había un día que no le pidiera a Dios volver a ver a mis angelitas, yo sufría mucho por no estar cerca de ellas, noches y días pensando en juntar dinero para regresarme, y poderlas ver.

No sé qué pasó por la cabeza de ella, pero lo único que sentí en mi pecho, era algo hermoso, nada más de pensar que las volvería a ver, esos ojitos de Sharon y Shantal. Nunca me imaginé la responsabilidad que conllevaba ser padre soltero en este país. Pero era lo que menos me preocupaba. Creo que fue la mejor decisión de mi vida, para nosotros los inmigrantes no es fácil la vida, y aquí estaba yo con dos pequeñas.

Tuve que tomar muchas decisiones para poder estar más tiempo con ellas, la primera: ganar más y trabajar menos; pero, ¿Cómo lo haría? Yo trabajaba en un restaurante de pizzas por las mañanas, teniendo que llegar a las 7:30 am, con el fin de limpiar todo y preparar.

A las 9:30 am, empezaba como cocinero, pero como todavía no podía matricular a mis hijas, por los papeles que te piden, me las llevaba al trabajo, y las acostaba en los costales de harina mientras yo terminaba de limpiar, después, las sacaba enfrente del restaurante y les ponía cuadernos y colores, para que se entretuvieran ahí, mientras salía.

No fué mucho tiempo, pero mientras mi cabeza comenzaba a planear qué podía hacer para salir adelante con ellas, el universo me abrió la oportunidad de quedarme en ese lugar como manager, ganando más y con todo el tiempo para ellas.

Las bendiciones comenzaron a derramarse sobre mí, tuve que aprender a cortar ropita, brincar la reata, a jugar en la lluvia, en el lodo, pintar el pelo y las uñas, y me encantan las películas para niños, aprendí que se vale que el postre sea primero que la comida, mis hijas sacaron lo mejor de mí, porque aprendí que los limitantes solo vivían en mi cabeza.

Me dí cuenta del gran potencial que tengo, y que todo es posible, que si el miedo llega, no es para temerle, si no para aprender y ganar impulso, porque mis sueños no están sobre mí, sino que viven en mí.

Tengo que confesarte algo: Yo no hablo inglés fluido, cuando me dieron la oportunidad de ser manager de ese restaurante, nadie lo sabía, pero eso no fué un limitante, dure 11 años trabajando en ese lugar.

Pasó algo grandioso en mi vida, un año antes tuve la fortuna de conocer a una persona que cambió mi vida; su nombre es Homero Camacho, un ángel en mi vida y al final de mi historia, entenderán por qué lo digo. Cuando yo creía que todo en mi vida era estable, excelente, que todo lo sabía y si no lo inventaba, por lo menos yo pensaba eso, esa persona vió algo en mí que yo no.

En el festejo de los IV años de mi hija Sharon, lo contraté para que tomara el video de la fiesta, y cuando terminó, se acercó a mí para darme una tarjeta y solo dijo: tú puedes cambiar tu vida. Yo me quedé pensando, ¿qué le sucede a este tipo? Y me dije a mí mismo: ¿Qué puedo cambiar?, ¿Está loco este hombre?

Con el transcurso de los días, algo me pasaba, llegando a despertarme pensando en sus palabras ¿Qué fué lo que él vió que yo no veo?

A la semana siguiente, me llamó para hacerme una invitación a un taller vivencial, él dijo que era para que yo sanara cosas del pasado, y tuviera una vida mejor de la que tengo.

Lo primero que se me vino a la mente: "eso es para locos", "yo estoy bien", pero esa vocecita no me dejaba en paz. Saben, me arriesgué y lo tomé, fué la mejor inversión que pude haber hecho en mi vida.

En el 2008, comenzó mi transformación, en esos tres días me pude dar cuenta, todo el daño que les estaba haciendo a mis hijas, a mis seres queridos, con mis interpretaciones y creencias. Pude reconocer el gran ser humano que vive en mí, sané, perdoné a mis padres, y comencé a ser mi mejor versión, esto no quiere decir que era mal papá antes, solo que estaba guiando a mis hijas con mis creencias tóxicas. Aprendí a amarme, respetarme, valorarme; y sanar mi niño interior.

Comencé a romper patrones programados, rediseñando mi vida, ahí comenzó mi evolución, porque encontré mi propósito de vida, ser un instrumento para que más seres humanos descubran su potencial. Comencé a llenarme de libros, videos, talleres, era algo que no podía detenerme, el universo estaba preparándome para algo grandioso. Me convertí en un entrenador de vidas, apoyando a todos los que sienten que ya la vida no tiene más para ellos, ahí donde ellos no ven, yo los guío para que descubran y sanen, recuperen sus relaciones; sus hijos y su vida.

Me he convertido en un vendedor de sueños y esperanzas. Tengo 11 años apoyando niños, jóvenes, adultos, iglesias, multiniveles, escuelas e institutos de transformación, haciendo equipos de trabajo de más alto impacto; proporcionando herramientas vivenciales, así como dinámicas de aceleración de resultados.

Unas de las satisfacciones que me llenan, es ver la transformación de cada una de esas personas, el cómo llegan cargando un costalote de problemas, malestares y hasta enfermedades; me duele el corazón al verlos, más se que al salir el domingo, con sus ojos llenos de esperanza, vendrá un cambio radical.

Desde la raíz, sanados, dispuestos a recuperar todo el tiempo que dejaron pasar, ahora con responsabilidad, honestidad, amando a su prójimo. Es muy satisfactorio ver los cambios permanentes, y una espiritualidad conectando con el ser superior. Por todo esto y mucho más, cuando a mi vida llegan las madres solteras, y me dicen que no pueden o son papás, si yo lo pude hacer con dos niñas y las saqué adelante, cualquiera puede. Si mi historia te sirve para hacer conciencia, has lo que tengas que hacer: confronta tus miedos, tus dudas, te invito a que des el primer paso; arriésgate, de todos modos, no tienes nada que perder, has perdido más intentando y dando vueltas, teniendo los mismos resultados.

Hoy día ya basta, me entrego a la vida y confronto mis limitantes, porque me merezco ser feliz. Hoy abraza a tus hijos, a tu pareja, a tus padres, pero hazlo en silencio, no los anticipes, solo hazlo, pero quédate un minuto sin soltarlos, y verás como cambios tan sencillos alivian a un ser.

Busca tu mejor versión, agradece, ama sin consideraciones, da sin recibir, recuerda: que nunca sepa la mano izquierda lo que da la derecha.

Yo Edgardo Arroyo Díaz, encontré mi propósito de vida, mi misión en este mundo es proporcionar talleres vivenciales; para crear familias 100% amorosas, entregadas; dejando hijos proactivos para que nuestras siguientes generaciones, encuentren un mundo mejor. Recuerden que el amor no es amor, si no lo compartes, mi pasión, me llevó a construir mi escuela de transformación y desarrollo humano. Desde 2008 y hasta la fecha, sigue generando líderes enfocados en resultados.

Visionarios USA
Jóvenes Escritores Latinos
#JEL
Creando activistas a través de las letras
info@editorialjel.org
ANTOLOGIA #JEL
VISIONARIOS
Emprendedores
CHICAGO
VISIONARIOS
Emprendedores
CHICAGO
#JEL
SYLVIA CAMPOS
&
JANNETH HERNANDEZ
CONOCE MÁS DE LA COAUTORA
CINDY ARANZAZU GONZÁLEZ
Antología en beneficio del hogar para mujeres sobrevivientes de la violencia doméstica CORAZÓN DE VALOR Y FORTALEZA de Chicago dirigido por la escritora Best Seller Janneth Hernandez. ¡Ayúdanos a ayudar, juntos podemos más!
Por el despertar de conciencia y la creación de nuestro propio destino en beneficio propio, de la familia y del mundo.
Visionarios USA

Cindy Aránzazu González Lorenzana

Soy Cindy Aránzazu González Lorenzana, me considero una mujer valiente, visionaria y amorosa; soy originaria de la ciudad de Tijuana; Baja California, nacida del seno de una familia humilde, de padres emprendedores y prestadores de servicios.

Aránzazu es la hija mayor de la familia González Lorenzana, con una licenciatura en administración de empresas, también es una emprendedora de nacimiento, ya que lo heredó de sus padres; actualmente trabaja en proyectos en desarrollo como Succes Factory. Presta servicio a la comunidad, y a una institución llamada: Samaritanos de buen corazón. También, tiene una faceta como conductora de TV en Aránzazu Show y Sopa de Opiniones; preparándose para su lanzamiento como escritora de su propia biografía, y otros proyectos en puerta.

Otros talentos que ha obtenido por su dedicación, son los siguientes: conocimientos en contabilidad básica, declaración de impuestos en México; conocimiento de imagen profesional para la transformación de vida; etc. En la época en donde ella toma el control de su vida, llega el desarrollo personal de una escuela donde trabajó su ser; este proceso se llama "Liderato Águila diamante". También aprendió Programación Neurolingüística, primer y segundo nivel; logrando trabajar con su niño interior, que es un proceso donde reúnes a toda la pandilla de tu vida, y con amor sanas heridas del pasado.

Ella tiene un corazón dispuesto a apoyar al ser humano, su pasión es aprender cosas nuevas, dejándose enseñar por los expertos, para que en algún momento pueda prestar sus servicios; enseñando a nuevas generaciones el cómo lograr sueños y metas. Su visión es ser un líder con sentido de responsabilidad, excelencia y compromiso, para ser capaz de desarrollar cambios positivos en su vida; impactando la vida de los demás.

Así como tiene su visión de la vida, ella cuenta con su misión y propósito, que es formar una comunidad productiva donde nazca la fé y la certeza, de que cada proyecto y sueño, será posible con paciencia y humildad. Su eslogan es: "por su familia, por su pareja y por ella".

Gracias a esto, llegó a la formación de su logo, el cual describe cada pilar importante en su vida, tal como ser una persona que ha venido a servir, y a dar lo mejor de ella.

Yo soy una mujer valiente, visionaria y amorosa

Por: Cindy Aránzazu González Lorenzana

"La vida es el reflejo de lo que tú eres". A la edad de 25 años, se dió cuenta de que su vida se convirtió en amargura, en deudas y decepciones, debido a que ella trabajaba de sol a sol en una maquiladora, como asistente de contabilidad, dependiendo de un salario muy bajo; que no era suficiente ni siquiera para comprar lo que ella quería, mucho menos pagar su título de la universidad.

Y déjame contarte, que no era lo único que ella cargaba en su vida, si te platico del lado sentimental, me quedo corta de palabras, ya que ningún hombre al que le entregaba su corazón supo valorarla.

Un día, en una comida que tuvo con sus compañeros de trabajo, un amigo la invita a una reunión de superación personal ella, con curiosidad, toma la iniciativa de ir, sin siquiera imaginar que ese día su vida sería transformada.

Ese evento duró 4 días, entrando de 5 pm a 4 am, variando los fines de semana, trabajando en el perdón con sus padres y logrando reconciliarse emocionalmente con ellos. Otra de las cosas que aprendió, fué la manera de comunicarse, entendiendo los movimientos del cuerpo humano, por medio de Programación Neurolingüística.

Durante el paso de los días, comenzaron los cambios, el primero fue su trabajo, pues ya no quería trabajar tantas horas por un salario tan bajo; el segundo, fué introducir a toda su familia en ese taller de superación personal, para que ellos vivieran dicho proceso.

El tercer cambio, fué el de limpiar su casa para hacer espacio, y por último, su lado espiritual; donde decide dejar de adorar a la Santa Muerte para entregarse a Dios. Por medio del bautismo en una Iglesia Cristiana, aprende a amar a un ser que no puede ver ni tocar, continuando los cambios en la vida. Consigue tener contacto espiritual, sacando su fé por medio de Dios.

Como toda líder, siguió con el proceso del taller de superación personal, decidiendo tomar el segundo nivel. Es ahí donde se enfrenta a su realidad: su mente comenzó a mandar imágenes de inferioridad, ausencia de valor y desamor, pero también, mostró su programación mental como una mujer valiente, visionaria y amorosa.

Otra de las cosas que entendió de la vida, es que hay que servir al más necesitado; para que la vida te regrese inconscientemente todo lo que das.

Posteriormente, la despiden de su trabajo después de 13 años de servir a esa compañía, comienza entonces la búsqueda de nuevas oportunidades. Por falta de título profesional y el inglés, ya no puede tener otro puesto similar, y decide entrar como capturista en un almacén; su estancia duró poco, ya que le ofrecieron un puesto en una compañía de reclutamiento; como asistente del supervisor. Aquí también su estancia duró poco, pues aparecen dos chicos con ganas de emprender un negocio de reclutamiento, invitándole a ser socia, así es como construyen la empresa: CANSOLUTION.

Como toda visionaria, tuvo la visión de hacer de esta empresa, un negocio muy reconocido en la ciudad de Tijuana; B.C. Esta empresa, contaba con 3 directores y una asistente, sin faltar una lista de clientes que conocían a Aránzazu, sabiendo que era muy responsable y cumplida con las metas que se ponía en el trabajo.

Todo marchaba de maravilla, porque las metas que se programaban se cumplían; y los clientes estaban satisfechos con el servicio, sin embargo; como parte de la limpieza de la vida de Aránzazu, hizo un viaje programado a la ciudad de chicago Illinois, para visitar a su madre después de años de no verla. Decide dejar su puesto a cargo de los socios y asistente, tomando quince días el viaje.

La convivencia familiar se volvió más cálida y amorosa, porque los malos entendidos fueron aclarados y comprendidos, disfrutando en familia esas dos semanas. Sin embargo, ella no imaginó que su empresa se estaba tambaleando en esos momentos, por un descuido al no estar presente. Al llegar del viaje, encontró malas noticias, el teléfono de los contactos fue robado, los clientes estaban insatisfechos y otros puntos más. Al pasar los días, llegó hacienda mejor conocida como SAT, a cerrar la compañía de uno de los socios, ella tenía su oficina en ese mismo edificio, y decidió salirse antes de que la involucraran con ellos. En ese momento, se terminó un sueño que estaba en marcha, por un descuido se acabó.

Otra vez se quedó sin empleo, y en busca de un ingreso de nuevo, sin dejar de mencionar las deudas encima. encontró un nuevo empleo en un laboratorio, y su estancia fué muy corta, ya que como líder, tenía que terminar su ciclo en el taller de superación personal. Llegó la invitación para el tercer nivel, pero había un pequeño desacuerdo, era en otra ciudad, teniendo que mudarse para poder ingresar en el proceso. Sin conocer el llamado Águila Diamante; San Luis Río Colorado, sin dinero, y sin saber en dónde viviría, se arriesgó a la aventura. En ese tramo de la vida, tenía que demostrar que lo aprendido valdría la pena para avanzar.

Todo comenzó en mayo del 2017, al salir a buscar de nuevo un empleo, sin conocer a nadie, y con toda la actitud, encontró trabajo en un hospital dental como secretaria, esto fué un avance, pues gracias a ello pudo rentar un cuarto, y así alojarse en la ciudad de San Luis Río Colorado. Este nivel tuvo una duración de 3 meses, sin embargo, su estancia fue muy volátil, ya que tuvo que viajar a Tijuana y regresar a San Luis, con el fin de programar eventos grandes para la comunidad. Hubo momentos donde se quedó sin dinero, teniendo que salir a producir, vendiendo dulces en la calle, sodas, pay de plátano, fruta picada y hasta aguas frescas, con tal de cumplir con el Programa de Superación.

Nunca se rindió, pues siempre estuvo acompañada de su buddy, como ella le decía, esa mujer imaginaria representaba su reflejo, y, sin embargo, la tenía que cuidar como a ella misma. En cualquier actividad o evento, tenían que estar juntas, y si se atrasaba, la otra le echaba la mano, pero siempre juntas; como el alfa y el omega.

Este proceso terminó en octubre del 2017, los resultados fueron magníficos, pues descubrió a su líder espejo, a su buddy, y a su palabra anclaje, que es valor, sin referirme con esto al valor económico; sino al valor como ser humano.

Se dió cuenta que jamás debe quedarse callada, ni menospreciarse a costa de alguien más, pero lo más importante; fue entender que todo sueño se puede lograr con esfuerzo y paciencia, pero eso sí; jamás olvidarse de ayudar al vulnerable.

Al ya contar con las herramientas correctas en su mente, corazón y manos, decide seguir aventurándose, para alcanzar sus sueños, convirtiéndolos en metas. Decide cambiar de estancia, mudándose a la Ciudad de Chicago; Illinois. En esta etapa, comienza a cumplir sus objetivos: el primero que ella siempre tuvo en mente; el de ser escritora de su propia biografía, esto ayudó a iniciar el reclutamiento de escritoras en la Ciudad de Chicago.

Pero como siempre en el camino ocurren varios encuentros, uno de ellos fué el de unirse a una organización que ayuda al vulnerable. Gracias a ellos, se organizaron colectas que se mandaron a Tijuana, Mexicali y a Durango. Conoció a varias escritoras, a las cuales considera sus maestras para alcanzar su sueño.

Esto no termina aquí, pues el liderazgo de la vida, siempre está activo y nunca tiene final, hasta el momento de morir.

Bendiciones, y pon a Dios en primer lugar, para que todo proyecto sea direccionado por él, entonces todo llegará por añadidura.

Gracias mis cómplices. No me despido, porque este es el comienzo de algo realmente grande.

CONOCE MÁS DEL COAUTOR

SALOMÓN GARCÍA

Antología en beneficio del hogar para mujeres sobrevivientes de la violencia doméstica CORAZÓN DE VALOR Y FORTALEZA de Chicago dirigido por la escritora Best Seller Janneth Hernandez. ¡Ayúdanos a ayudar, juntos podemos más!

Por el despertar de conciencia y la creación de nuestro propio destino en beneficio propio, de la familia y del mundo.

Visionarios USA

Salomón García

Mexicano y residente en Aurora; Illinois, carpintero de profesión, autor y escritor por pasión, manteniendo siempre la balanza de la vida, dedicado también a sacar a sus dos hijos adelante.

Logrando una de sus metas; publicar su primer libro titulado: El Diario de un Visionario "Vidas Paralelas".

Me encanta la lectura, caminar al aire libre, compartir con la naturaleza, mientras escucho historias y testimonios de personas exitosas, buscando siempre la mejor manera de servir a mis semejantes. Buscando siempre el crecimiento personal, social y espiritual.

Con muchas metas por cumplir, trabajando para dejar un legado a las personas que me preceden. Con ilusiones y sueños, mi intención es poner un granito de arena, demostrando que todo lo que uno desea, se puede cumplir dentro de este mundo de posibilidades, del cual formamos parte soñando; viviendo y contribuyendo.

Visionarios emprendedores Chicago

Por: Salomón García

¿Quién soy?, ¿De dónde vengo?
Una persona optimista, después de superar algunas etapas difíciles, he llegado a la conclusión de tomar con serenidad y paciencia cada proceso.

Vengo de un municipio de Michoacán, México, llamado Araro. Emigré a la edad de 19 años, después de terminar el bachillerato, teniendo como residencia West Chicago, Illinois, donde radiqué por 13 años, tiempo en el cual me casé, trabajando a su vez en la construcción; oficio que sigo ejerciendo hasta el presente.

Después de diez años de matrimonio, llegó una etapa difícil, donde se tomó la decisión de firmar un divorcio, el cual me alejó de las dos personas que más amo.

Mis pequeños hijos, los cuales han sido el motor y parte esencial de mi crecimiento personal y espiritual. Durante el duelo del divorcio, llegó una depresión, por algún tiempo, mi rutina consistía en ir del trabajo al departamento, y dormir durante muchas horas, deseando que el tiempo pasara lo más rápido posible.

Nunca dejé de lado a las únicas personas que me llenaban de fortaleza para seguir adelante: Alan y Emily. Ellos no merecían lo que estaba sucediendo, y tampoco lo entendían. Pero aún así, el tratar de mantenerme consciente, resultó muy difícil.

¿Quién dice que los hombres no se deprimen? Después de trabajar y trabajar, me llegó una oportunidad, invertí en una compañía de mercadeo en red.

En lo personal, fué la mejor terapia que obtuve al momento, llegando al punto de salir casi todos los días a compartir una taza de café, conviviendo con personas de diferentes creencias.

Llenando un poco el vacío que me acompañaba, de una u otra manera, las historias de muchas personas me hicieron ver y reconocer que los humanos estamos llenos de problemas, y tenemos que aprender a sobrellevarlos.

En cierto momento, hice de la lectura un hábito. Al principio, con algunos libros de psicología, tuve la necesidad de comprender la razón por la cual; mi autoestima estaba tan baja, no me gustaba mi timidez y mi manera de ser. Me costó trabajo, pasaron varios años, vinieron diferentes personas, cada una dejando su aportación valiosa.

Al conversar por algunos minutos, relataban sus sueños y algunas metas, lo que también reconstruía una parte esencial en mí. También despertó un sentido que estuvo dormido por muchos años, al recordar las palabras de un amigo: el pastor de una iglesia en Illinois. ¡No puedes ayudar a más personas, si no te ayudas a ti primero!

¿Qué quiero para mí?, ¿Cuál es mi razón de existir?

Vinieron los recuerdos de un niño, que desde muy pequeño cargaba un lápiz y un pequeño cuaderno, en el cual le gustaba escribir. Cuando empezaba a caer la noche, y un poco más tarde, subía a la azotea, a contemplar las estrellas.

Regresando al presente, en el 2014, durante un trabajo de construcción y al estar instalando un tejado, sucede un accidente, un resbalón del tejado que me fracturó varias vértebras de la parte baja de mi espina dorsal, (lumbar). Esto me lleva a tomar decisiones y un rumbo diferente, empezando a redactar en mi cuaderno, lo más importante con el paso de los días.

Dos años sin poder trabajar físicamente, me llevaron a tomar la pluma, haciendo un diario, en el cual se plasman historias de mi vida; y sueños lúcidos.

Así surgió mi primer libro:

"EL DIARIO DE UN VISIONARIO VIDAS PARALELAS" Se trató del resultado de una meta de años atrás, que por alguna razón no había llevado a cabo, por mi trabajo ordinario. Dicho libro se publicó en noviembre del 2021.

La lectura me enseñó que el modo de absorber las historias de la forma tradicional, me ha ayudado a desarrollar ideas, ver nuevos caminos y oportunidades para un mejor desarrollo personal, mejor comunicación; y forjar un legado fortaleciendo día a día la expresión.

-¡La persona que no lee, no tiene un buen tema de conversación!

En lo personal, para mí la escritura es una forma de alejar la timidez, tratando de ayudar a otras personas que están pasando por alguna situación similar, compartiendo mi testimonio, quiero decir que no están solos. Con el tiempo y la información positiva, podemos hacer muchos cambios, aprendiendo a agradecer cada día de vida; porque se trata de una nueva oportunidad para seguir adelante.

Todo es posible, cuando se tiene la motivación y el emprendimiento. Vivimos en una nueva era llena de innovaciones y evolución. Cada tropiezo y caída, es una nueva oportunidad para levantarte y seguir caminando.

- Se logra lo que deseamos, en el momento adecuado, cuando estamos listos.
-No vivas del pasado, tómalo de ejemplo.

-Vive del presente, que es el tiempo garantizado.

¡Planifica el futuro!, que es parte de lo que hoy estás sembrando.

Gracias a las personas que me brindaron la invitación para ser parte de este bonito proyecto, y dejarme compartir un pedacito de mi historia.

Visionarios USA
Jóvenes Escritores Latinos
#JEL
Creando activistas a través de las letras
info@editorialjel.org
ANTOLOGIA #JEL
VISIONARIOS
Emprendedores
CHICAGO
VISIONARIOS
Emprendedores
CHICAGO
#JEL
SYLVIA CAMPOS
&
JANNETH HERNANDEZ
CONOCE MÁS DE LA COAUTORA
MARTA GUZMÁN
Antología en beneficio del hogar para mujeres sobrevivientes de la violencia doméstica CORAZÓN DE VALOR Y FORTALEZA de Chicago dirigido por la escritora Best Seller Janneth Hernandez. ¡Ayúdanos a ayudar, juntos podemos más!
Por el despertar de conciencia y la creación de nuestro propio destino en beneficio propio, de la familia y del mundo.
Visionarios USA

Martha Guzmán

Vengo de huicholes, campesinos del patriarcado, del olor, al bosque, a mina, sudor y a sangre, de Zacatecas; México.

Mi gente son todos, cada ser humano que habita en este mundo, y que cruza mi camino.

Mi interés principal es unirnos como una sola comunidad, buscando a cada paso el equilibrio emocional, a pesar de las circunstancias, unidos podemos romper cadenas, lograr metas y cumplir sueños.

Actualmente, radico en los Estados Unidos desde hace 15 años. Uno de mis grandes logros, fué el haber terminado secundaria, y una carrera como técnico dental; con muchas ganas y mucha dificultad.

En ese momento, por creencias que mi padre tenía, no creí que debía estudiar; pero siendo la sexta de nueve hermanos: (8 hermanas y 1 hermano), uno de mis primeros traumas fué el robo de mi hermana Violeta, recién nacida, y la muerte de Rosita Elia de nueve meses, que por falta de recursos falleció. Ellas viven en mi corazón.

Un ángel, mi hermana Adelita, le dió un giro a mi vida, me inscribió a la secundaria en Tijuana, Baja California; México.

Fué difícil, no tenía uniforme ni libros, y para poder entrar a la escuela, me brincaba la barda por la parte de atrás, escondiéndome en el salón de clases durante el receso. Un día, me descubrieron y me sacaron de la escuela, fué entonces que una amiga del turno de la mañana, me llamó para decirme: "no te preocupes, no te van a sacar más".

"Cuando yo salga de mi turno, y tú llegues a tu turno, nos encontraremos en la caseta de tránsito que está cerca de aquí, y yo te presto mi uniforme y libros". Y así lo hicimos.

Durante el primer año, y a finales del segundo año de secundaria, sentía que el mundo era mío, amaba la escuela, soñaba con estudiar arquitectura o psicología. Pero un revés llegó a mi vida, escapé de un secuestro y este hecho marcó mi ser. El mundo cambió para mí, todo era miedo. Aun así, quise continuar estudiando en medio de una terrible depresión.

Pero una vez más, mi padre por sus creencias impuestas se opuso, y finalmente a escondidas; entré a estudiar técnico dental. Trabajaba en una zapatería y estudiaba. En casa, no se daban cuenta, porque cuando ya todos dormían, me subía al techo de mi casa y con una lámpara, me alistaba para hacer mis tareas. Siempre me ha gustado el voluntariado, en Tijuana, trabajé como voluntaria visitando asilos en apoyo a los abuelitos. Aquí en

Chicago, cuando llegué a "Casa Central", estuve como voluntaria con niños de gestal. Actualmente, me encuentro certificándome como conferencista en el Taller de Emprendedores, Liderazgo Oratoria.

Tuve que dejar mi carrera, debido a una bacteria de neumonía. Actualmente, trabajo en cuidados de personas de la tercera edad, también como promotora de salud, y a veces, un día o dos días a la semana, en un laboratorio dental.

Siempre me ha gustado apoyar, y ayudar a la comunidad. Trabajé como voluntaria en "Centro Romero", una organización que apoya a la comunidad, en la guardería infantil y en las charlas de violencia doméstica. También, trabajé como voluntaria en Erie House, "Centro de Apoyo Comunitario."

Trabajé como voluntaria 4 años, en un Orfanato de niños minusválidos, y fue ahí donde aprendí mucho de ellos, en especial su fortaleza y alegría; su nombre era: "Las Hijas de María Magdalena", ahí me enseñaron a conectar de nuevo con mi ser. Esta experiencia tuvo lugar en Tijuana, Baja California; México.

Actualmente, participo en una organización denominada: casa de activismo "Domitila Barrios", enfocada en apoyo a la comunidad; principalmente a mujeres con violencia doméstica, también en Corazón de Valor y Fortaleza.

Mi historia de como empecé mi desarrollo personal

Por: Martha Guzmán

Un día desperté, y me sentí viviendo sin sentido, sin ganas de nada, enfocada en la rutina y pensé: ¿esto es vivir? Tiene que haber algo más. La vida no se resume en rutinas sin sentido, era un zombie viviente.

Las creencias impuestas, los traumas, y lo impuesto por mi misma, determinaron quién era yo: "una máquina de trabajo" insensible, con máscaras, sin sentir y sin sentido. Un día, una amiga me regaló mi primer libro de superación personal, lo leí; y me hizo ver la vida de otra manera.

Pude comprender, que era yo quien tenía que hacerme responsable de mi misma, tenía que romper las cadenas a las que yo misma, inconscientemente, me había atado.

Debía quitarme la camiseta de víctima y soltar el pasado. Comprendí que lo vivido de niña y adolescente, solo eran experiencias, y que de todo ello tenía que sacar lo mejor: mi fortaleza, mi determinación, mi alegría por vivir, y agradecer cada instante, vivir en el aquí y en el ahora. Tomé varios cursos de superación personal, y leí varios libros; pero volvía a soltar todo y retrocedía, quedando de nuevo en el mismo sitio.

Volví a caer al vacío, y aunque en su momento sentía morirme, fué lo mejor que pudo sucederme, porque a través de esa caída me encontré a mi misma.

Pude verme cara a cara y me di cuenta, cuanta falta me hacía, cuan olvidada me tenía, y empecé a ocuparme de mí; a consentirme, valorarme, conocerme, tomar el control de mi vida, y sigo en el proceso de superación personal y sanación.

Y gracias a todos los aquí presentes, y a todas las personas que se han cruzado en mi vida, agregando valor a ella. Gracias también a las que han restado, pues me han hecho más fuerte.

Visionarios USA
Jóvenes Escritores Latinos
#JEL
Creando activistas a través de las letras
info@editorialjel.org
ANTOLOGIA #JEL
VISIONARIOS
Emprendedores
CHICAGO
VISIONARIOS
Emprendedores
CHICAGO
#JEL
SYLVIA CAMPOS
&
JANNETH HERNANDEZ
CONOCE MÁS DE LA COAUTORA
ANGÉLICA MENDOZA GONZÁLEZ
Antología en beneficio del hogar para mujeres sobrevivientes de la violencia doméstica CORAZÓN DE VALOR Y FORTALEZA de Chicago dirigido por la escritora Best Seller Janneth Hernandez. ¡Ayúdanos a ayudar, juntos podemos más!
Por el despertar de conciencia y la creación de nuestro propio destino en beneficio propio, de la familia y del mundo.
Visionarios USA

Angélica Mendoza González

Angélica es originaria de Bella Esperanza, México, tengo 26 años, soy madre de 2 niñas hermosas; Guadalupe de 9 años, y Paula de 7, que me han demostrado que no hay nada que no se pueda hacer. He tenido un sinfín de oficios, y como mujer muchas veces soy cuestionada por las actividades que realizo; ya que dicen que son para hombres.

Soy escritora por gusto y fascinación, hago manualidades y arte. En mi vida, he participado en oratoria sobre diversos temas como: "Derechos de los Niños y Medio Ambiente", en los cuales he quedado en segundo lugar. También he venido realizando trabajo comunitario, conforme a las necesidades del pueblo, y en beneficio también de las personas mayores.

A estos últimos cuidándolos en el hospital, y hasta ayuda en su domicilio. La vida me ha privilegiado al conocer personas que me brindaron su apoyo para continuar, logrando esta participación que para mí significa mucho.

Uno de mis sueños y metas, es la de escribir un libro; estoy muy orgullosa de participar. Gracias a: Janneth Eliza Hernández, Silvia E. Campos, y Martha Guzmán R.

Aprende a vivir

Por: Angélica Mendoza González

El poder de la creatividad es único, nos hace fuertes, nos lleva a liberar todo lo que nos hace mal.

Mi vida cambió, fué el resurgir de un mundo de depresión, miedo y soledad. Momentos en que solo quería estar en cama, sin saber de nada; hasta que un día, frente a mí, había unas piedras de río que mis hijas habían traído a casa tiempo atrás. En medio de ellas, encontré una en forma de corazón, la tomé entre mis manos, tomé pintura, y me puse a pintar sin rumbo.

Le coloqué la primera capa de color negro, que era como yo me sentía, triste, pero al estar pintando, una gota blanca cayó sobre ella. Y de repente surgió una luna, unas estrellas y de pronto lo que yo necesitaba: paz y amor. Así quedaron plasmadas esas palabras, que para mí fueron la salida de esa larga soledad; que se reflejaba en mí mirar.

La creatividad surge, cambia; transforma, crea y sobre todo; nos salva, aunque estemos en la tormenta, la creatividad es una barca que nos hace estar a flote; cuando sentimos que ya no podemos más. Es tan hermoso el poder que tiene sobre nosotros, que nos hace transformar lo que parecía ya no servir. Podemos hacer un cohete no para ir a la luna, sino para liberar lo que nuestro corazón guarda y quiere soltar; podemos hacer una hermosa pintura que quizás para muchos, no refleje nada; aunque para nosotros refleja nuestros ideales, nuestro ser, nuestra esencia; aquello que nos hace únicos.

Me encantaría que descubras el poder que tienes en tus manos, mente, corazón y en tu mirada. Basta voltear el espejo, para que mires que eres una obra de arte, que va a cambiar el mundo que la rodea, liberando su potencial de una manera inimaginable.

Ya no puedes continuar, crees que todo se terminó, ¡anda! Ve por un lápiz, colores y verás como la magia resurge de tu ser. Tienes que volver a vivir, tienes que buscar hacer algo con tus manos, que cuando lo termines, te des cuenta de que valió la pena todo el esfuerzo, y que para ti significa una bocanada de aire fresco.

Mi nombre es Angélica, y por experiencia te puedo decir que la creatividad te hace crecer como persona, te saca de abismos que muchos no ven. A mí la creatividad me liberó de muchas cargas, antes no podía decirlo, pues me daba miedo, no encontraba la forma de recuperar un poco de mi vida, hasta que descubrí que la creatividad me podía mantener a flote.

Comencé con cosas muy simples, cómo pintar una piedra, para mí era mucha paz y después, verla para mí era tranquilidad. Muchas veces, me daba risa ver lo que mis manos y mente creaban, me gustó y me ayudó tanto, que por un tiempo dejé las manualidades y me dediqué a escribir. Pero hoy, también me doy cuenta que empleaba cierta creatividad para hacer esos escritos, desde el río de chocolates, con barcas de bombón, hasta vencer un dragón.

Todo eso me salvó, me liberó, me hizo más fuerte. Llegué a hacer obras que nunca imaginé, porque el poder de la creatividad no tiene límites, ni tiene edad, no hay algo que lo guíe; solo el corazón de su autor.

El poder de la creatividad es tan maravilloso, y nos hace tanto bien, ya que somos uno mismo en lo que creamos. Es nuestra esencia, nuestro reflejo. Las veces que hice alguna manualidad, sentimientos surgieron, es algo que ya no puedo ocultar, me han hecho reír y llorar, pero sobre todo; me han ayudado a sanar.

Me han enseñado que con creatividad, podemos volar a mundos y distancias imaginarias, que solo viven en nosotros, si necesitamos de inspiración, y escuchar el latido de nuestro corazón. Basta con un recuerdo que esté perdido en nuestra mente, es justamente ese recuerdo, el que nos hace realizar lo que el alma quiere recordar.

Quizás, necesitas un pequeño impulso para iniciar, piensa un poco en aquello que alguna vez quisiste llegar a realizar, empiezas tu trabajo y no te puedes detener, no quieres perder el tiempo, solo te vuelves una con lo que estás haciendo, con lo que quieres mostrar. Mi vida cambió, cuando dejé de ver en otros lo que realmente había en mi; y ver lo que mis manos fueron capaces de crear.

Aunque muchos no creyeron en mí, y decían cosas que me hacían mal, les demostré que todo, se puede lograr y que el destino y la vida siempre pondrán a tu lado a alguien que te va a impulsar, como una brújula que te rectifica el lugar al que tienes que ir y confiar.

La creatividad es algo que me ayudó y me está ayudando a volver una vez más a confiar en mí, porque lo que de mi corazón sale, desde pequeñas piedras pintadas, hasta un hermoso rosal de papel, mis sentimientos lo guardarán. No es algo que nos enseñen, o que tenga un instructivo exprés, para leer y crear, es algo que sale de nuestro corazón, es ver reflejado nuestro ser y esencia, en cada una de las cosas que haces.

Salí de un mundo en el que me ahogaba; me faltaba respirar, lloré, lo intenté, no puedo decir que fracasé, sino que aprendí a dar cada vez más, lo mejor de mí. Aprendí que no me debo rendir, que me tengo a mí, tengo mis manos y mi corazón late con fuerza, y esa fuerza nace del poder de la creatividad, nunca dejes de creer en ti.

Visionarios USA
Jóvenes Escritores Latinos
#JEL
Creando activistas a través de las letras
info@editorialjel.org
ANTOLOGIA #JEL
VISIONARIOS
Emprendedores
CHICAGO
VISIONARIOS
Emprendedores
CHICAGO
#JEL
SYLVIA CAMPOS
&
JANNETH HERNANDEZ
El Pasto siempre es verde donde estás TÚ... disfrutalo
Selene Partida
CONOCE MÁS DE LA COAUTORA
SELENE PARTIDA
Antología en beneficio del hogar para mujeres sobrevivientes de la violencia doméstica CORAZÓN DE VALOR Y FORTALEZA de Chicago dirigido por la escritora Best Seller Janneth Hernandez. ¡Ayúdanos a ayudar, juntos podemos más!
Por el despertar de conciencia y la creación de nuestro propio destino en beneficio propio, de la familia y del mundo.
Visionarios USA

Selene Partida

Selene Partida, es la segunda hija de un buen michoacano, orgullosa de sus raíces mexicanas y de su sangre Azteca. inmigrante por causa de la vida, pero agradecida por vivir en Chicago, su segunda casa.

Multifacética como la luna, desde el hecho de producir, editar y presentar videos para las redes sociales como influencer, instructora de ejercicios, hasta cocinar un rico caldo de pollo.

Amante de las causas humanitarias, de lo noble, lo bueno, lo puro, creyente que el amor es lo que hace que el sol salga todas las mañanas, para iluminar a este mundo.

Motivadora de todo corazón ¿Por qué si no es con todo el corazón o con todo? Entonces, ¿Qué caso tiene?, y si es de cobre, entonces, totalmente recomendado para unas ricas carnitas estilo Michoacán, humorista, espontánea, pero atenta y lista para recordarte que la belleza de tu corazón, y la sanidad de tu mente, son lo más importante y que, aunque una piedra en el camino te enseñó que tu destino era rodar y rodar, recuerda que al final de cuentas; TÚ eres el Rey de tu destino.

"TÚ"

Por: Selene Partida

Mido 5 pies o un metro cincuenta, delgada, chaparrita de ojos cafés, mexicana de nacimiento, una más de las casi 64 millones de mujeres mexicanas (de acuerdo al INEGI 2021 o al censo del 2020) amiga, madre, hermana, hija, aunque mi mamá diría que no muy buena hija (si también vengo de familia disfuncional, algunos saben de lo que hablo), olvidadiza, optimista, soñadora, luchadora, esa mera soy yo. Es un gusto saludarte en estas líneas, gracias por leer este escrito.

Si la fé, es la certeza de lo que se espera, y la convicción de lo que no se ve de acuerdo al libro de Hebreos 11:1, entonces eso es exactamente. Es el tener visión y no perderla, aún en medio de las circunstancias que rodeen tu vida, en tu diario vivir, eso es el no perder tu sentido de guía, es el seguir tu camino, terminar la jornada del día con todas sus tonalidades, con los días grises, soleados, fríos, húmedos, inciertos, con amenaza de tornado, y con todos los colores del arcoíris.

Si me permites, me gustaría compartirte lo siguiente, y tal vez con un poco de autoridad (disculpa mi audacia) porque al igual que tu estas leyendo este escrito, también yo continuó en esta jornada. Lo que quiero decir, es que somos compañeros de este planeta y de esta vida. Yo también sigo en esta jornada, pero he aprendido a conectar mi corazón a mi querida y apreciadamente, esa computadora poderosa que es parte de mi equipo en esta vida; me explicó que si aprendemos en la escuela que 1+1 =2 que al adherir un objeto más otro, da un resultado mayor el cual crea un cambio, esa es la fórmula y da un resultado diferente. Al igual que la fé y la visión, es una fórmula sencilla. Es el sumar, restar, y aún mejor dividir si has probado la dicha de dar.

¿Qué quiero compartir? La formula amigo lector, es la siguiente:

Primero restas todos los patrones, ideas, tradiciones, enseñanzas, mitos, chismes, envidias, adicciones, malos hábitos que te roben de ti, de tu persona, de tu tiempo, de tus alegrías, de lo que no te edifica, pero que construye lo que te paraliza. Te invito o te ordeno (yo sé, la valentía mía) que tomes un minuto, regálame un minuto, mantén tu mente enganchada, aquí en este escrito por favor haz lo siguiente:

*Respira profundo.
*Sé honesto contigo mismo, (tranquilo nadie sabe lo que estás recordando o pensando en tu mente) esto es entré tú y este escrito.
*Escoge, por este momento, solo una cosa que te gustaría cambiar en tu vida.
¿Ya? ¡Anda sigue instrucciones!
Te esperamos.

Está bien. Seré vulnerable y te compartiré a través de estas letras, una parte de mi jornada, porque si yo puedo, tu puedes recordar que somos compañeros del tiempo y de este planeta llamado Tierra.

¡Vanidosa!, alguien me llamó en una ocasión, porque compartía lo importante que es para mí el verme, sentirme bien y cuidar mi peso. (Que yo sepa) mi respuesta hacia esta persona, o hacia alguien que no tiene filtros o sufre de envidia, (pero eso es plática de otro capítulo) es que todos tenemos una historia de vida o aventuras, como las quieras titular, y antes de brincar y juzgar (que por cierto algunos son expertos en esa materia) al otro humano, entendamos que todo es un sumar, restar dividir; y cuando estes listo se multiplicará.

¡Soy una cebolla!, así de fácil lo he decidido ese será mi nombre en mi gafete y a través de esta jornada me han crecido mis capas. Tal vez, la primera capa no sirva de mucho como para adornar unos deliciosos tacos de pastor (Ya se me antojaron,) pero definitivamente, protege mi interior, y es lo que me da identidad como cebolla.

Cuando estaba a unos días de cumplir mis 15 años, en algunos lugares o países, cuando una jovencita cumple los 15 años, es algo simbólico e importante. Algunas familias ahorran por muchos años, o planean fiestas elaboradas para tal ocasión: "el paso de niña a mujer"

Mi querida madre se me quedó viendo fijamente y con todo el cariño de mamá (eso creo) me dijo lo siguiente:

"Selene, podrías ser una modelo, cuando crezcas, pero tienes la nariz muy grande y la boca también, estas, muy trompuda". Quedé congelada en ese momento, pero no lo suficiente para correr hacia al espejo para verificar tal cosa, lo único que podía ver era una nariz de bruja y unos labios enormes; tenía la nariz más imperfecta y los labios más gruesos y gigantes. Una operación inmediatamente lo pensé, cirugía plástica, esa será mi salvación ante tal desdicha, pensé.

Desde ese momento, nunca más me volví a ver igual, ni me dí cuenta que mis ojos eran hermosos, y mucho menos de lo afortunada que era, porque físicamente estaba saludable, y me permití que esa nube me acompañara por mucho tiempo en mi camino. A mi corta edad, no entendía que era solo una nube, y que yo tenía el poder para dejarla atrás, tenía el poder de restarla y no invitarle a seguir en mi jornada.

Ahora entiendo que era solo un comentario sin inteligencia, al compartir este relato, doy pausa a entender que a veces recogemos ideas las cuales adherimos a nuestra carga, a través de generaciones, por ejemplo: "Esa es la cruz que tocó vivir" "Hasta que la muerte nos separe" "no preguntes", pero la realidad es que ¿dónde está escrita tal ley? ¿Dónde está escrita tal atrocidad?

Definitivamente, no está en la biblia, o en el Código Maya, porque ya lo busqué y no lo encontré. Te invito a poner un alto a esos mitos, ideologías erróneas que hemos pasado de generación a generación, te invito a seguir caminando, a no perder tu visión, la tuya, no la de tu mamá o abuelita.

Estas palabras son solo para abrazarte, animarte, motivarte con letras mi querido compañero de este planeta que compartimos. Solo se trata de restar negatividad, sumar los momentos bellos que nos regala la vida, por ejemplo: ¡El sol que nos alumbra todos los días! el sol rubio siempre es puntual, y la luna con sus diferentes caras, todas hermosas, sale todas las noches para enamorarnos, para mover la marea y alumbrarnos.

Es encontrar esos bellos detalles que nos da esta vida, cuando puedas entender el sumar y el restar, no te olvides de dividir lo mucho que tienes, y no hablo solo del dinero, de lo tangible, también de lo intangible, lo más valioso que tienes es tu tiempo, ya que este se va y no regresa, regala tu atención cuando alguien te hable o te platique.

Con tu mirada, en ese momento la persona se sentirá entendida y apreciada. Da amor y verás como se te multiplica todo en tu vida, y no por arte de magia o por causas de un secreto, sino por una formula llena de ti, de ideas inteligentes, de decisiones que tú gobiernas.

Entiendo que, en ocasiones, no se puede o no podemos controlar las situaciones que están a nuestro alrededor, o fuera de nuestro alcance. Aunque me describo como soñadora, nunca he dejado de vivir en la realidad; pero siempre hay algo que puedes hacer que está en ti, por ejemplo: algunos años atrás, me encontré en una situación donde varios elementos estaban fuera de mi decisión, acababa de terminar o salir de un matrimonio donde viví violencia doméstica por varios años. Vivía bajo un yugo lleno de control, soberbia, celos y desamor.

En aquel tiempo, estábamos sirviendo para una organización religiosa cerca de la ciudad de México, y como pasa en algunas organizaciones con bases religiosas, si se termina el matrimonio o relación, entonces se termina el servicio, el contrato, el ministerio y el trabajo. Aún recuerdo cuando me preguntó mi supervisor, que también era mi pastor en ese tiempo, que cuáles eran mis planes a seguir, e inmediatamente contesté: "Divorciarme".

Tal respuesta no fué bien recibida, se me ordenó dejar de dar clases bíblicas y de participar en actividades de la iglesia; sentí en ese momento que no tenía opciones, ya que ellos decidían por mí, acababa de escaparme de un ogro para sujetarme a un grupo de ellos, que se escondían bajo títulos dados por el mismo hombre. Pero mi visión seguía ahí.

A un par de días de lo sucedido, llevé a mis hijos a la escuela, y regresé a la casa en donde vivíamos, sola, sin saber qué hacer, triste, confusa, sin ánimos.

Inmediatamente, me fuí a mi recámara, me acosté y me quedé dormida con la enorme tristeza que tenía en ese momento; pues la visión que teníamos para la familia o mi vida, ya no la veía, hasta se me había prohibido seguir dando mis clases bíblicas que me encantaban y me llenaban.

De acuerdo a ellos, no podía compartir la palabra de Dios; un par de horas después, me desperté con una tristeza aún más grande y un enorme vacío, solo me había quedado a lamentarme y hundirme en una oscuridad la cual extrañamente tenía su propia atracción, pero aun así, no me gustó su sabor ni lo que tenía que ofrecer, pues sabía por testimonio y experiencia de vida de otras personas, a dónde puede llevar ese abismo de tinieblas.

Me prometí que no permitiría esas sombras en mi vida, y caer en ese abismo de la depresión que solo me llevaría a más lágrimas y remordimientos.

El siguiente día, empezó con la misma rutina, llevé a mis hijos a la escuela muy temprano, pero en esa ocasión no regresé a la casa; me fuí directamente a un gimnasio que estaba cerca de la casa, me armé de valor y entré. Minutos después estaba en la caminadora y empecé a correr, actividad que tenía años que no desempeñaba, mientras corría, podía sentir cómo todo ese dolor, impotencia, falta de amor, negación, ira y otras emociones las dejaba atrás, al igual noté un cambio en mi físico; me sentía más fuerte, física y mentalmente.

Aprendí que tal vez no tenía control sobre ciertas situaciones en mi vida en ese momento, pero si tenía control sobre mi persona, mi físico, y después de años de olvido, de no ejercitarme, aprendí la importancia de cuidar y mantener mi cuerpo sano, ya que es mi tarjeta de presentación, el objeto, el equipo que me ayuda a realizar mi visión "mi cuerpo".

Empecé a conocer personas en el gimnasio, me dí cuenta que había mucha más gente en el mundo, sobre todo a mi alrededor. Hice nuevas amistades, las cuales eventualmente invité a una reunión, que después se convirtieron en una reunión semanal, donde tenía la oportunidad de compartir con ellas sobre lo importante de mantener la fé; mi jornada de fé y el no perder la visión.

Comparto esta parte de mi historia como un ejemplo de mantener la visión, a pesar de que tus circunstancias o entorno cambie. El objetivo, o tu meta, tiene que ser el empuje mayor, la gasolina para tu motor ¿Que motor tienes? ¿Qué te alimenta? ¿Qué te motiva? ¿Cuál es tu meta?, definitivamente, necesitas tener esto en claro para tener una ruta y así no te pierdas.

Aquí voy de nuevo con esta idea, tal vez radical o demandante. Pero ni modo, si ya te animaste a seguir leyendo, entonces haz lo siguiente: toma unos minutos y escribe 3 metas o visión que tengas en tu corazón, mente o en la punta de la lengua.

Ahora escríbelas aquí:

1.
2.
3.

Para muchas personas puede ser una estabilidad económica, una profesión, una familia, una vida saludable, paz mental, lo que sea que te motive hazlo tuyo.

Recuerda el sumar, restar, multiplicar y dividir.
¡Por qué, si yo puedo, tú puedes!

Visionarios USA
Jóvenes Escritores Latinos
#JEL
Creando activistas a través de las letras
info@editorialjel.org
ANTOLOGIA #JEL
VISIONARIOS
Emprendedores
CHICAGO
VISIONARIOS
Emprendedores
CHICAGO
#JEL
SYLVIA CAMPOS
&
JANNETH HERNANDEZ
CONOCE MÁS DEL COAUTOR
JOSÉ MALAQUIAS
Antología en beneficio del hogar para mujeres sobrevivientes de la violencia doméstica CORAZÓN DE VALOR Y FORTALEZA de Chicago dirigido por la escritora Best Seller Janneth Hernandez. ¡Ayúdanos a ayudar, juntos podemos más!
Por el despertar de conciencia y la creación de nuestro propio destino en beneficio propio, de la familia y del mundo.
Visionarios USA

José Malaquías

Originario de México, tiene 43 años de edad, actualmente vive en Chicago; Illinois, trabaja en reparación de autos, y en su tiempo libre, se dedica al campo del fitness.

Le gusta motivar a las personas a tener un mejor estilo de vida, haciendo diferentes actividades de ejercicio, al igual que prepararse como instructor certificado de fitness, para ser una herramienta de motivación y superación en las personas.

Su frase es:

"El que no vive para servir, no sirve para vivir".

El poder de tu actitud

Por: José Malaquías

Actitud, es el poder que nos lleva a tomar decisiones en la vida, ya sean buenas o malas. Esto va de la mano con el estilo de vida que llevemos. Yo viví mi niñez muy estricta y rígida, debido a que mi padre, quedó viudo cuando yo tenía cuatro años, hizo lo mejor que pudo por mis hermanas (os) y yo.

En mi adolescencia, trabajé en muchas cosas, ayudante (chalán), fábricas, y en casa, ayudando a mi padre en lo que se necesitara. Acabé mi secundaria, logrando tomar un curso militar para liberar mi pre cartilla, con la ilusión de arreglar mi pasaporte; y algún día poder viajar al extranjero.

Poco a poco se fueron dando las cosas, y logré viajar al extranjero (USA). Mi primer trabajo fué de lavaplatos, se trató de un corto tiempo y me detuve, tomando la actitud y la decisión de hacer un cambio en mi vida, ya que eso no era lo mío.

Tuve la oportunidad de aprender la mecánica , empecé de cero, estudié y tomé cursos con lo poco que ganaba. En la actualidad, sigo trabajando, y sigo en mecánica general, mi pasatiempo favorito es ser instructor de Fitness; y dedicar tiempo a mi familia. Me gusta tomar retos, hacer cosas que me saquen de mi área cómoda, y apoyar a otras personas a lograr lo mismo. También aprendí de mis miedos, para desarrollar mis fortalezas, logrando todos mis propósitos.

¿Cómo me veo en unos años más? Entrenador personal, motivador de superación personal y empresario.

¿De qué manera quiero que me recuerde la comunidad?
Quiero que me recuerden como una persona positiva, que logró sus expectativas en la vida, perseverando en cada uno de los obstáculos que se le presentaron. Mi propósito en la vida, es ser una herramienta de apoyo, ya sean los Fitness o en la superación personal, ya que también los hombres pasamos por situaciones en que a veces se necesita apoyo y motivación. No nos limitemos en lo que queremos realizar, sin importar las circunstancias que estemos pasando en la vida, debemos de aprender a no tener límites para lograrlo.

Emprendedor, que esa sea tu visión para llegar a esas metas. Que no te importe la edad que tienes, ni tu físico, porque cuando tengas una clara visión de lo que quieres en la vida, determinarás el futuro.

Recuerda que tú tienes el poder y la actitud para tomar las decisiones.

Visionarios USA
Jóvenes Escritores Latinos
#JEL
Creando activistas a través de las letras
info@editorialjel.org
ANTOLOGIA #JEL
VISIONARIOS
Emprendedores
CHICAGO
VISIONARIOS
Emprendedores
CHICAGO
#JEL
SYLVIA CAMPOS
&
JANNETH HERNANDEZ
CONOCE MÁS DE LA COAUTORA
ESTHER
PUERTA DE-MEZA
Antología en beneficio del hogar
para mujeres sobrevivientes de
la violencia doméstica CORAZON
DE VALOR Y FORTALEZA de
Chicago dirigido por la escritora
Best Seller Janneth Hernandez.
¡Ayudamos a ayudar, juntos
podemos más!
Por el despertar de conciencia y la creación de nuestro propio
destino en beneficio propio, de la familia y del mundo.
Visionarios USA

Esther Puerta-DeMeza

Esther es colombiana de nacimiento, y estadounidense por adopción, ha vivido aquí por más de 30 años.

Ella es educadora, con un máster otorgado por Northern Illinois University, Conferencista Inspiracional, y autora con maestría en Divinidades, de Northern Baptist Seminary.

Le encanta trabajar con familias, y ayudarles a lograr sus sueños para ser tan exitosos como sea posible.

En la actualidad, trabaja en un emprendimiento empresarial, que le permite ayudar a muchas personas a desarrollar sus habilidades innatas, y así lograr otras que les permitan ser exitosas y felices.

Esther es madre de 3 hijas hermosas, y abuela de 5 maravillos@s niet@s.

Se encuentra escribiendo su primer libro, que pronto saldrá a la luz.

Es un honor participar de este proyecto comunitario

Sin visión el pueblo perece

Por: Esther Puerta-DeMeza

¿Has leído o escuchado alguna vez la frase que utilizo como título para este escrito? Pues bien, si no habías tenido la oportunidad antes, te diré que se trata de un proverbio bíblico que sirve como recordatorio para nosotros hoy día, invitándonos a pensar en la importancia de tener visión para lograr el éxito en nuestras vidas; y no perecer en el proceso.

También, nos ayuda a planear y estar preparados para el futuro, con el fin de tener un objetivo por el cual levantarnos cada día, ilusionarnos, trabajar y vivir. Como visionarios, debemos observar entre muchos aspectos los siguientes tres: que para mí son de vital importancia:

1. La visión debe estar basada en nuestros valores, pues estos son la base de nuestro carácter moral. Si para nosotros un valor moral es el respeto por la vida, entonces la visión que tengamos al emprender un negocio, al formar un hogar, al estudiar una carrera profesional, o cualquiera que sea nuestra ocupación, siempre va a respaldar ese valor.

Los valores morales son la base sólida de nuestra visión. Cabe además recordar que nuestros valores, se fundamentan en nuestras creencias, de ahí la importancia de la religión, la cultura y la educación; entre otros aspectos del desarrollo humano.

2. La visión se debe formar de acuerdo a nuestro carácter como líderes o empresarios. Un líder debe ser una persona que inspira confianza, que es creíble, que sabe guiar a la gente no solo con palabras, sino también con su ejemplo, que escucha y aconseja cuando es necesario; en pocas palabras, alguien que es maduro en su carácter. Cuando un visionario presenta estas cualidades, de seguro su emprendimiento va a resultar llamativo a la gente; y querrán seguirle sin objeciones.

3. La visión se lleva a cabo según tus hábitos diarios. Los hábitos son aquellas actividades rutinarias que realizamos como parte de nuestra forma de vida; y que constituyen el fundamento de nuestro carácter. Por lo tanto, expresan en sí mismos la esencia de quienes somos, y hacia donde vamos.

Nuestra visión tendrá su mayor éxito, una vez que haya sido puesta en marcha, y cumpla con la línea de tiempo establecida dentro de nuestra rutina. Bien se dice que una visión sin un plan ni una fecha fijada para realizarlo; es simplemente un sueño que bien puede nunca llevarse a cabo, es decir que desaparecerá como plumas al viento. Esto siempre lo tuve en cuenta con mi familia, cuando decidimos mudarnos de país y para hacerlo más claro; narro a continuación un brevísimo resumen del cambio:

Transcurría el invierno del año 1992, y con una mezcla de nostalgia y alegría, aterrizamos en el aeropuerto O'Hare de la ciudad de Chicago, en el estado de Illinois, con un par de maletas y un cúmulo de sueños e ilusiones.

Las lágrimas y buenos augurios propios de la despedida, dieron paso a la nostalgia y, por otro lado, la alegría invadía nuestros corazones al reencontrarnos con mi madre y mi hermano; después de casi cuatro años de ausencia. Mis compañeros de viaje: mi esposo y mis tres hijas, tenían sus propias expectativas, pero siempre con una visión común: avanzar hacia una vida mejor.

En nuestro país natal, Colombia, llevábamos una vida normal y placentera, pero el deseo de adquirir estudios de posgrado en educación, nos hizo emprender esta nueva jornada, la cual nos depararía diversas experiencias y mucho aprendizaje.

Como le sucede a todo inmigrante, el choque cultural no se hizo esperar, y comenzamos por adquirir conocimientos del idioma inglés, pasando por los incidentes irrisorios o "metidas de pata" al hablar con un acento bien marcado, o utilizar palabras que no corresponden a lo que se tiene en mente.

También, nos enfrentamos a la lucha que se vive cuando tratamos de adaptarnos al clima, pues viniendo de una ciudad costera, con clima muy tropical en nuestro país, el fuerte y ventoso invierno de Chicago; resultaba bastante incómodo; la gran excepción en la experiencia climática fue la nieve, debido a la euforia que producen los mágicos muñecos hechos con el blanco elemento, visto hasta ese momento solo en fotos y postales, lo cual nos brindó mucha diversión.

A pesar de los altibajos del cambio, algo que siempre nos mantuvo unidos, superando las peripecias del idioma, el clima, la variedad en los alimentos, costumbres, hábitos en la experiencia escolar para mis hijas, y universitaria para mí, fue la visión clara que siempre mantuvimos.

Cuando nos sentíamos frustrados o decaídos por algo, lo dialogábamos y juntos pedíamos ayuda y fortaleza a Dios, quien siempre cumplió sus promesas de protección y cuidado para nuestra familia; Él nunca nos falló, nunca fallará su oportuno socorro.

Después de varios años de trabajar como maestra bilingüe, y luego de haber superado distintas etapas de crecimiento y aprendizaje en el campo de la educación, decidí emprender un negocio propio, en el cual me desempeño como consultora y mentora independiente; de servicios de salud y belleza familiar.

Esta labor me permite seguir educando no solo a nivel del uso de productos para el cuidado de la piel, sino también en el campo del desarrollo de carácter y personalidad, habilidades y talentos innatos o adquiridos, manejo de emociones, conflictos y crisis; al igual que relaciones interpersonales y laborales.

Si deseas conocer más de mi historia como inmigrante hispana en los Estados Unidos, o de mi emprendimiento, me puedes contactar a través del correo electrónico o del teléfono que se encuentran en mi página en la red: www.jafra.com/esthermeza.

La vida de un inmigrante y más aún de un emprendedor nunca será fácil, pero lo que le ayudará a lograr el éxito deseado es la visión y propósito que tenga en mente. Un visionario emprendedor podrá enfrentar discriminación, rechazo, burlas, oposición, manipulación, o cualquier otra limitación, pero siempre saldrá adelante, teniendo bien clara su misión en la vida.

No es solo cuestión de decir que tiene una visión o un sueño que desea realizar, sino que debe ir más allá y convertir esa visión en un propósito de vida, en algo que le haga despertar cada mañana con entusiasmo y energía; para enfrentarse con valor a lo que se le presente.

Un visionario emprendedor tiene metas precisas con fechas para la acción y evaluación, y nunca descansará hasta cumplirlas, sabiendo que deja huellas imborrables para bien de la humanidad; donde quiera que vaya. Finalmente, pero no menos importante, siempre contaremos con la promesa bíblica que nos asegura: "Aunque por un tiempo la visión tarde en cumplirse, al fin ella hablará y no defraudará." (Hab. 2:3a, RVA).

Es necesario que seamos personas con los pies bien puestos sobre la tierra, con determinación inquebrantable, y una pasión notable por aquello que deseamos realizar.

Seamos VISIONARIOS EMPRENDEDORES, de manera que la gente a nuestro alrededor no perezca, sino que crezca en conocimientos y experiencias.

Visionarios USA
Jóvenes Escritores Latinos
#JEL
info@editorialjel.org
ANTOLOGIA #JEL
VISIONARIOS
Emprendedores
CHICAGO
VISIONARIOS
Emprendedores
CHICAGO
#JEL
SYLVIA CAMPOS
&
JANNETH HERNANDEZ
CONOCE MÁS DE LA COAUTORA
COLUMBA
CAMPOS MACIAS
Antología en beneficio del hogar para mujeres sobrevivientes de la violencia doméstica CORAZÓN DE VALOR Y FORTALEZA de Chicago dirigido por la escritora Best Seller Janneth Hernandez. ¡Ayúdanos a ayudar, juntos podemos más!
Por el despertar de conciencia y la creación de nuestro propio destino en beneficio propio, de la familia y del mundo.
Visionarios USA

Columba Campos Macías

Columba, nació el 20 de mayo de 1987, originaria del estado de Durango, México.
Hija del matrimonio de Miguel y Maria Campos.

Emigró junto con ellos a la edad de 12 años, rumbo a la ciudad de Chicago en el estado de Illinois. Cursó la secundaria de Gage Park de la cual se graduó con honores en el año 2005.

Madre soltera a los 25 años de edad, tiempo después de encontrarse a sí misma, y buscando mejores ingresos, retornó a sus estudios en el colegio de Kaskaskia, del cual se graduó con una certificación de cosmetología, en diciembre del 2016, después, terminaría fundando Solstice Salon & Spa en Trenton Illinois.

Caracterizada por su buena actitud y compañerismo, se puede decir que Columba Campos, es un ejemplo de que con esfuerzo y dedicación, se pueden lograr grandes cosas.

Tiene muchas expectativas a futuro, entre ellas están los sueños en los cuales sigue trabajando.

"Sin límite"

Por: Columba Campos Macías

Todo comenzó un 20 de agosto de 1999, cuando por primera vez pisé suelo Americano. Tuve miedo a una nueva adaptación, a un nuevo sistema, el miedo de otro lenguaje que intimidaba a mi persona, en el trayecto para asistir a una nueva escuela. El miedo de tener nuevas amistades, donde nuestro idioma era diferente, y una cultura distinta a la que no estaba acostumbrada.

Una de las personas que contribuyó a mi labrado personal, fue mi madre, esa mujer que siempre me retaba a ser alguien mejor. Somos tan idénticas, que no había día, hora, o minuto, que no me recordara que la vida no era fácil, y que sin importar los motivos, no tenía que esperar más de los demás, pues yo sería la única persona que pondría mis límites.

Siempre tratando de empujarnos a todos y cada uno de mis hermanos/as, a ser o tener lo que nosotros quisiéramos, algo que ella por motivos de la vida, no pudo realizar. Es la persona que hasta el día de hoy, me enseñó lo importante que es tener o mantener a la familia unida, sin importar las distancias o diferencias que hay en cada uno de nosotros.

Dando siempre lo mejor de él, sin poner límites de tiempo, o excusas, tratando de llegar a casa con el pan de cada día, hablo del único hombre que me enseñó a no rendirme. Por ser siempre la persona que me enseñó a trabajar, es por él que soy así. De pequeña, no pude pasar calidad de tiempo con él, recuerdo aquel día como si fuera ayer, cuando tenía 7 años, y mi papá se despidió de nosotros, para venir a luchar por el "sueño americano", ese con el que todos soñamos y creemos que es fácil.

"Con una actitud positiva y con mente clara, siempre podrás obtener lo que te propones": fueron las palabras sabias de ese roble que hasta el día de hoy, sigue luchando y construyendo su imperio al lado de su otra mitad; mi madre.

En alguna oscura etapa de mi vida, cuando el sol dejó de brillar, y las nubes grises rodeaban mi entorno, llegó la persona perfecta para iluminar mi vida. Mi tesoro más preciado, mi vida entera, mi motor de arranque, que cuando mi máquina se siente cansada y frágil, me da fuerza, Itzayana Campos, a quien algún día cuando ya no esté, y escuche mi nombre, quiero se sienta orgullosa de quien fue su madre. La que, con algún pequeño legado, pueda recordar los momentos más felices, en los que las dos hicimos historia; nuestra historia.

Y es así como nace una nueva persona, dejando de ser aquella que tuvo miedo de algo nuevo, que se sentía intimidada a los nuevos comienzos, ahí comencé a planear cómo subiría hasta la CIMA, para cumplir mis sueños. Lo primero, fue retomar mis estudios, que después de 10 años había dejado, cursando el primer año y recibiendo mi primera certificación de cosmetología, ese fue el 1.er escalón.

Y después de algunos años de experiencia, 3 años para ser exacta, volví a querer revivir esa adrenalina. El 1.º de septiembre del 2020, abrí las puertas de la que se volvería mi primer casa (digo primera porque vivía en un apartamento) Solstice Salon and Spa, dos años más tarde, pude cumplir mi sueño americano, ser dueña de mi propia casa, la mejor satisfacción que he tenido y he vivido al lado de las personas más importantes de mi vida.

Pero en especial con mi hija, cada navidad desde pequeña, cuando ella miraba las casas decoradas, ella me decía: ¿Mami cuándo vamos a tener una casa para nosotros? y la vamos a decorar bonito para navidad. Algún día hija, ya verás, contestaba tomando un suspiro profundo.

Esas palabras me recordaban que aún tenía que seguir luchando hasta cumplirle su sueño, y no solo para cunplirselo, era también enseñarle que vale la pena luchar por los sueños, lo mismo que mis padres me enseñaron, y así sigo hasta el día de hoy, luchando por cumplir mis metas. En este momento, estoy cursando otro ciclo escolar para mi certificación de barbería, y así sucesivamente, seguire subiendo escalones hasta lograr ese sueño que tanto anhelo: viajar por todo el mundo haciendo shows de cortes de cabello, o llegar a tener mi propia escuela de cosmetologia, algo donde pueda ayudar a las personas que se sienten intimidadas; tal como yo me sentí algún día.

No ha sido nada fácil llegar hasta donde ahora estoy, solo sé que me alegra no estar en el mismo lugar en el que estuve unos años atrás. Recuerda que los LÍMITES, solo los pones tú.

Y tal vez te preguntaras; ¿Cómo comenzar? ¿Cómo saber cuál es tu límite? ¿Cuándo no darte por vencido/a?, te cuento un poco, después de la primera experiencia, pude darme cuenta que no era tan débil como yo pensaba, que había algo dentro de mí, que me decía: ¡tu puedes!, todos en alguna ocasión nos hemos sentido débiles, o hemos explotado de estrés, cansancio y debilidad, a mí me pasó, y después de haber tratado miles de cosas para no sentirme tan débil en momentos difíciles.

Encontré la manera perfecta que me ayudó a mantenerme fuerte. Comencé caminatas de vez en cuando por las mañanas, por algún tiempo, me sentí de lo mejor, pero después se me hizo rutinario y me enfado. Ingresé al Gym, esto es algo que me encanta hacer, pero mi tiempo se agotaba muy rápido, quería que los días tuvieran más horas para que me alcanzara el tiempo, y como ya no podía hacerlo tan seguido, me empecé acercar a la iglesia. Pedí tanto que se me ayudara en mis días más bajos de autoestima, que me dieran fuerzas para seguir adelante y cumplir mis metas; poco a poco me metí en la lectura, comenzando a informarme sobre más libros para la autoestima.

Tuve de alguna manera que combinar las cosas que me hacían sentir mejor, y empecé a meditar, practicar yoga, y conectarme con el universo que conspira cuando le pido ayuda; la meditación me ayudó bastante y la sigo practicando y aprendiendo más de ella.

Toma tiempo darse cuenta de las cosas que pueden ayudarte, pero no te des por vencido/al hecho que trates una cosa y no te funcione, no quiere decir que ya nada servirá, simplemente trata y trata, y no dejes de tratar diferentes cosas para ayudarte a buscar el camino perfecto, pero sobre todo, no dejes de soñar. Proponte metas pequeñas, para que puedas seguir adelante. Una frase que leí por ahí, en algunos de los libros de mi repertorio fue:

"NUNCA DEJES DE SOÑAR, PORQUE DEJAR DE SOÑAR ES ESTAR MUERTO EN VIDA"

Visionarios USA
Jóvenes Escritores Latinos
#JEL
Creando activistas a través de las letras
info@editorialjel.org
ANTOLOGIA #JEL
VISIONARIOS
Emprendedores
CHICAGO
VISIONARIOS
Emprendedores
CHICAGO
#JEL
SYLVIA CAMPOS
&
JANNETH HERNANDEZ
CONOCE MÁS DE LA COAUTORA
ANA YANCY DELEON ASCENCIO
Antología en beneficio del hogar para mujeres sobrevivientes de la violencia doméstica CORAZÓN DE VALOR Y FORTALEZA de Chicago dirigido por la escritora Best Seller Janneth Hernandez. ¡Ayúdanos a ayudar, juntos podemos más!
Por el despertar de conciencia y la creación de nuestro propio destino en beneficio propio, de la familia y del mundo.
Visionarios USA

Ana Yancy Deleon Ascencio

Soy Ana Deleon, nací en la ciudad de Santiago de María, en el departamento de Usulután, El Salvador. Desde pequeña siempre sentí que Dios me había dado un don, que era especial por algo, pero no sabía exactamente qué.

Lo único que tuve claro era el sentimiento de querer ayudar a las personas, y por ello, comencé a prepararme. Posteriormente, emigré a los Estados Unidos y ya son veintisiete años que llevo viviendo en Los Ángeles, California.

Comencé trabajando en varias compañías de apartamentos como manager, campo que medio la experiencia de conocer distintas familias con diferentes culturas; luego, en 2014 comencé a estudiar y me gradué de consejera en varias ramas como Domestic Violence, Advocate y Terapia en parejas, Control de enojo y Terapias para padres e hijos; posteriormente, pasé a ser coordinadora de actividades para la tercera edad.

Así he venido trabajando para consolidar mis metas y proyectos, de manera que hoy en día, me dedico a ayudar y a servir a la comunidad a través de mi labor en varias fundaciones. También, he participado en presentaciones de espectáculos, motivaciones y trabajos voluntarios, por lo que continuo mi preparación desarrollando cursos en diferentes temas.

En los años que llevo viviendo en los Estados Unidos he tenido un hogar muy bendecido, compuesto por mi esposo, Carlos Ascencio, y mis hijos, Anthony R. Morales, y Xzavier Deleon, a quienes amo con todo mi corazón. Vengo de una familia muy tradicional, con muchas costumbres y valores, así que lucho diariamente por procurar ser mejor persona y lograr lo que me propongo, amando lo que hago y agradeciendo, más que todo, a Dios por la vida.

En este texto, mi propósito es presentarte una parte de mi reflexión y experiencia: de alguna forma hemos vivido bajo las exigencias de otras personas por el miedo a no ser aceptados, sin embargo, hay algo que siempre debemos recordar: no necesitamos probar nada a los demás, solamente necesitamos probarnos para saber que estamos siendo únicos y auténticos.

Por esta razón, necesitamos aprender a enfocarnos exactamente en lo que queremos, en lo que soñamos, en lo que sentimos y en lo que realmente queremos llegar a ser. La vida nos da muchas oportunidades, en donde somos nosotros quienes decidimos si las aceptamos o no, por eso, es necesario que aprendamos a confiar en nosotros mismo, así como también, tenemos tanto por qué luchar y agradecer a Dios.

Yo te animo a que persigas tus sueños, ponte metas, haz un plan y enfócate en él, y te lo juro que lo lograrás.

He comprendido que no hay nada que pueda hacer para cambiar mi pasado, pero al mismo tiempo, he entendido que tengo el poder para cambiar mi futuro; también he aprendido que uno está donde quiere estar y uno pierde lo que quiere perder.

Es por este motivo que sigo tomando cursos de liderazgo y cada día disfruto enormemente de lo que realizo. En resumen, yo soy una inmigrante que jamás se ha dejado vencer, llegué a este país con sueños y esos sueños los he visto cumplir.

La actitud es el pincel con el que la mente dibuja nuestras vidas; y somos nosotros quienes elegimos los colores

Por: Ana Yancy Deleon Ascencio

Todos tenemos metas que alcanzar, principalmente cuando hemos emigrado a otro país. Hacer esto cuesta. Por ello, debemos enfocarnos más fuerte en lo que queremos: una mayor oportunidad de encontrar una vida mejor que la que teníamos en nuestros países de origen, motivados por una esperanza tan fuerte, que nos hizo dejar a los nuestros.

Para lograr dichas metas, recuerda que todo se encuentra en tu ser superior; pon en práctica esta enseñanza; evita la mezquindad; trata a los demás como quisieras ser tratado; sé consistente en buscar cada día preparación; busca dentro de tu interior qué es lo te gustaría reflejar ser: una mejor persona, una mejor esposa, una mejor madre, una gran profesional…

Ser esa persona que logra lo que se propone y, sobre todo, en desarrollar un gran corazón para servir a los que lo necesitan. Debes saber que eres capaz de lograr lo que te propones, aunque el camino no sea fácil, pues te encontrarás con altas y bajas en el recorrido, pero cuando hay enfoque, no hay nada ni nadie que lo destruya, recuerda, además, que todos comenzamos desde cero, aquí en este país o en cualquiera parte del mundo. Todos tenemos la oportunidad de demostrar con hechos que nos hemos preparado para alcanzar nuestros ideales y lo que realmente queremos llegar, hacer y ser. Todos decidimos sobre lo que nuestro cuerpo necesita, lo que vamos a hacer por ello y cómo obtenerlo.

En este sentido, creo fielmente que venimos a este mundo con una misión y que las personas que llegan a nuestra vida son una bendición que se nos presenta en el camino. Actualmente, estoy trabajando con grupos de apoyo y baja autoestima, porque en algún momento de mi vida sufrí por ello. A veces, pensar cómo fueron esos días de mi vida, me impulsa a ayudar a otros.

Ahora quiero compartirte mi próxima meta, proyecto y visión (sé que lo puedo hacer porque mi fuerza viene de Dios y con la ayuda de Él todo se puede, y porque amo ayudar a las personas que se encuentran luchando por ser mejor cada día): tener mi propia fundación, para así generar fuentes de trabajo para todas las personas que han sufrido de violencia doméstica, de abusos sexuales y en especial, para a proteger a nuestros niños que son el futuro del mañana, y así seguir hasta el final de mis días.

Sigue trazando nuevas metas para que estés en constante crecimiento y puedas ver como esas pasiones y sueños se hacen realidad. Esfuérzate en ser feliz y, sobre todo, en tener paz en tu corazón.

Agradecida con Dios, con toda mi alma y corazón, por darme tantas bendiciones; a mi madre María Teresa, por darme la luz; a mis viejitas Alicia y Alba, a quienes amo y por quienes soy la mujer de ahora, a partir de la educación y los valores que me inculcaron.

Hoy tengo la oportunidad de expresar y compartir mis metas, logros y, sobre todo, de agradecer a mi familia, pues sin ellos yo no estaría en el lugar donde me encuentro hoy. Mi hijo Anthony R. Morales, mi gran orgullo y unos de mis motores, quien ya es todo un hombre profesional, con muchas metas logradas y con más por delante por lograr. Te amo, hijo, mil gracias por tu apoyo, tu amor incondicional, por ser un gran ser humano y mi gran bendición.

Mi hijo Xzavier Deleon, con siete años de edad, es mi otro motor, otra razón de vivir mi fe, mi esperanza y mi todo. Mi esposo es un gran ser humano con muchos sueños y fe. Carlos, aprovecho este espacio para agradecerte porque siempre crees en mí y me animas a seguir luchando, y agradezco a Dios por ponerte en mi vida; eres mi ángel, mi apoyo incondicional, te amo por la eternidad.

Tampoco puedo dejar de mencionar y agradecer a mis queridos hermanos: Rosalba E. y Miguel A. Deleon. Rosalba, eres luz de vida, una madre única, ejemplar y que da todo sin esperar nada a cambio, mil gracias y que Dios te bendiga hoy y siempre. Te amo hasta la eternidad.

A mi prima Marta A. Árias, una gran mujer que me ha ayudado siempre; y a Suyapa y Perla, mis compañeras de trabajo, quienes han sido una bendición en mi historia de vida.

Un agradecimiento y una mención muy especial le dedico a mi sobrino Andy, nuestro ángel, quien me da tanto amor y de quien aprendo por su hermosa forma de SER amor.

Agradezco a toda mi gran familia, a mis hermanos y amigos y, sobre todo, a esos ángeles que están en mi vida, que creen en mí y que siempre me apoyan a seguir luchando por mis sueños.

A todos, Dios me los bendiga por la eternidad.
AGRADECE lo que tienes,
OLVIDA lo que te duele,
VALORA lo que posees,
PERDONA a los que te hieren y
DISFRUTA con los que te quieren.

GRACIAS A LOS PATROCINADORES DE LA ANTOLOGÍA #JEL

VISIONARIOS EMPRENDEDORES CHICAGO

Antologia #JEL
VISIONARIOS
Emprendedores
CHICAGO
#JEL SYLVIA CAMPOS & JANNETH HERNANDEZ
VISIONARIOS
EMPRENDEDORES
CHICAGO
Visionarios
USA
CRANDO NUESTRO PROPIO DESTINO
Patrocinador de la
Antología #JEL
VISIONARIOS
Emprendedores
CHICAGO
1812 N 23 Ave., Melrose Park, Il
Info: 720-936-0228 -
Rafael Fantasma Orozco
Visionarios
USA
Gracias
por su apoyo al
Albergue para Mujeres
Corazón de Valor y Fortaleza
en Chicago.
Jóvenes Escritores Latinos
#JEL
Creando activistas a través de las letras
info@editorialjel.org

Antologia #JEL
VISIONARIOS
EMPRENDEDORES
CHICAGO
VISIONARIOS
Emprendedores
CHICAGO
#JEL
SYLVIA CAMPOS
&
JANNETH HERNANDEZ
GARRIDO
En todo momento Contigo
Patrocinador
del
Coautor
Alejandro
González
Jóvenes Escritores Latinos
#JEL
info@editorialjel.org
Gracias por su apoyo al
Albergue para Mujeres Corazón
de Valor y Fortaleza en Chicago.
Visionarios
USA

Antologia #JEL
VISIONARIOS
Emprendedores
CHICAGO
#JEL
SYLVIA CAMPOS
JANNETH HERNANDEZ
VISIONARIOS
EMPRENDEDORES
CHICAGO
ARANZAZU
Patrocinador
de la
Coautora
Cyndi
Aranzazu
González
Jóvenes Escritores Latinos
#JEL
info@editorialjel.org
Gracias por su apoyo al
Albergue para Mujeres Corazón
de Valor y Fortaleza en Chicago.
Visionarios
USA

Antologia #JEL
VISIONARIOS
EMPRENDEDORES
CHICAGO
VISIONARIOS
Emprendedores
CHICAGO
#JEL
SYLVIA CAMPOS
&
JANNETH HERNANDEZ
CONNECT RE
TEAM
kw ONEChicago
Patrocinadores
!Gracias !
SELENE
PARTIDA
Food
Family
Travel
Patrocinador
de la
Coautora
Erendira
Selene
Partida
Jóvenes Escritores Latinos
#JEL
info@editorialjel.org
Gracias por su apoyo al
Albergue para Mujeres Corazón
de Valor y Fortaleza en Chicago.
Visionarios
USA

Antologia #JEL
VISIONARIOS
EMPRENDEDORES
CHICAGO
VISIONARIOS
Emprendedores
CHICAGO
#JEL
SYLVIA CAMPOS
&
JANNETH HERNANDEZ
Patrocinador
de la
Antología #JEL
VISIONARIOS
Emprendedores
CHICAGO
Jóvenes Escritores Latinos
#JEL
info@editorialjel.org
Gracias por su apoyo al
Albergue para Mujeres Corazón
de Valor y Fortaleza en Chicago.
Visionarios
USA

Antología #JEL
VISIONARIOS
Emprendedores
CHICAGO
#JEL
SYLVIA CAMPOS
&
JANNETH HERNANDEZ
VISIONARIOS
EMPRENDEDORES
CHICAGO
MAGDALENA
MEJIA
Consultora de belleza independiente de
Mary Kay
"Planea, persiste, trabaja, solo así
el existo sera tuyo!" -Mary Kay Ash
www.marykay.com/MMejia1991/
Magdalena Mejia
Magdalena.mejia
(773) 679-5895
maggie_18me
Magdalena.mejia.2481@gmail.com
Patrocinadora
de los
Coautores
Juan Carlos
Guevara &
Elizabeth
Duecker
Ciénega
Jóvenes Escritores Latinos
#JEL
info@editorialjel.org
Gracias por su apoyo al
Albergue para Mujeres Corazón
de Valor y Fortaleza en Chicago.
Visionarios
USA

Antologia #JEL
VISIONARIOS
Emprendedores
CHICAGO
#JEL
SYLVIA CAMPOS
&
JANNETH HERNANDEZ
VISIONARIOS
EMPRENDEDORES
CHICAGO
SOLSTICE
Salon & Spa
618-974-2227
Columba Campos
485 E. Broadway • Trenton, Illinois 62293
salon.spa.solstice@gmail.com
Find Us On Facebook or Instagram
Your Next Appointment Is:
Day
Month/Date
Year
At
Time
If Unable To Keep Appointment, Kindly Give 24 Hour Notice.
Patrocinador
de la
Coautora
Columba
Campos
Jóvenes Escritores Latinos
#JEL
info@editorialjel.org
Gracias por su apoyo al
Albergue para Mujeres Corazón
de Valor y Fortaleza en Chicago.
Visionarios
USA

Antologia #JEL
VISIONARIOS
EMPRENDEDORES
CHICAGO
VISIONARIOS
Emprendedores
CHICAGO
#JEL
SYLVIA CAMPOS
&
JANNETH HERNANDEZ
POW!
YEAH!
PAYASITO
SONRISAS
OOPS!
708-785-6094
Patrocinador
de la
Coautora
Carmelo
Martínez
Jóvenes Escritores Latinos
#JEL
info@editorialjel.org
Gracias por su apoyo al
Albergue para Mujeres Corazón
de Valor y Fortaleza en Chicago.
Visionarios
USA

Antologia #JEL
VISIONARIOS
Emprendedores
CHICAGO
#JEL
SYLVIA CAMPOS
&
JANNETH HERNANDEZ
VISIONARIOS
EMPRENDEDORES
CHICAGO
Librería
Cristiana
Vida Nueva
Librería
Cristiana Vida Nueva
2909 N. Central Ave.
Chicago ILL 60634
(773)481-2554
libreriachicaovidanueva@gmail.com
Patrocinadora
de los
Coautores
Juan Carlos
Guevara &
Elizabeth
Duecker
Ciénega
Jóvenes Escritores Latinos
#JEL
info@editorialjel.org
Gracias por su apoyo al
Albergue para Mujeres Corazón
de Valor y Fortaleza en Chicago.
Visionarios
USA

Antologia #JEL
VISIONARIOS
EMPRENDEDORES
CHICAGO
VISIONARIOS
Emprendedores
CHICAGO
#JEL
SYLVIA CAMPOS
&
JANNETH HERNANDEZ
JÉSED
Misericordia quiero, no Sacrificio
Patrocinador
de la
Coautora
Joyce
Araceli
González
Jóvenes Escritores Latinos
#JEL
info@editorialjel.org
Gracias por su apoyo al
Albergue para Mujeres Corazón
de Valor y Fortaleza en Chicago.
Visionarios
USA

Antologia #JEL
VISIONARIOS
Emprendedores
CHICAGO
CORAZÓN DE VALOR Y FORTALEZA
#JEL SYLVIA CAMPOS & JANNETH HERNANDEZ
VISIONARIOS
EMPRENDEDORES
CHICAGO
J Decorations
Professional
Party Decor
Patrocinador
de la
Antología #JEL
VISIONARIOS
Emprendedores
CHICAGO
Jóvenes Escritores Latinos
#JEL
Creando activistas a través de las letras
info@editorialjel.org
Gracias por su apoyo al
Albergue para Mujeres Corazón
de Valor y Fortaleza en Chicago.
Visionarios
USA

Antologia #JEL
VISIONARIOS
EMPRENDEDORES
CHICAGO
VISIONARIOS
Emprendedores
CHICAGO
#JEL
SYLVIA CAMPOS
&
JANNETH HERNANDEZ
Nuestros Servicios
• Producciones en Audio y Video
• Conferencias
• Eventos Corporativos
• Eventos Sociales
• Spots Comerciales
• Diseño Gráfico
Y más
App Store
Google Play
Yosoyelcaminorfm.com
RADIO ONLINE 24H
Yo Soy el Camino
TE GUSTARIA SER PARTE DE NUESTRA PROGRAMACION
ANUNCIATE CON NOSOTROS
TU PRIMER COMERCIAL GRATIS
AUMENTA TUS VENTAS
Director General: Hugo E. Sainz
Patrocinador de la
Antología #JEL
VISIONARIOS
Emprendedores
CHICAGO
Jóvenes Escritores Latinos
#JEL
Gracias por su apoyo al
Albergue para Mujeres Corazón
de Valor y Fortaleza en Chicago.
Visionarios
USA

Antologia #JEL
VISIONARIOS
Emprendedores
CHICAGO
#JEL
SYLVIA CAMPOS
JANNETH HERNANDEZ
VISIONARIOS
EMPRENDEDORES
CHICAGO
RUBI
Pasarela
FASHION SHOW
2022
Patrocinador
de la
Antología #JEL
VISIONARIOS
Emprendedores
CHICAGO
Jóvenes Escritores Latinos
#JEL
Gracias por su apoyo al
Albergue para Mujeres Corazón
de Valor y Fortaleza en Chicago.
Visionarios
USA

Antología #JEL
VISIONARIOS
EMPRENDEDORES
CHICAGO
VISIONARIOS
Emprendedores
CHICAGO
#JEL
SYLVIA CAMPOS
&
JANNETH HERNANDEZ
EL
FANTASMA
TACOS Y QUESADILLAS
1812 N 23 Ave., Melrose Park, Il
Info: 720-936-0228 -
Rafael Fantasma Orozco
Patrocinador del
Coautor
Alejandro
González
Visionarios
USA
Gracias
por su apoyo al
Albergue para Mujeres
Corazón de Valor y Fortaleza
en Chicago.
Jóvenes Escritores Latinos
#JEL
Creando activistas a través de las letras
info@editorialjel.org

Antologia #JEL
VISIONARIOS
EMPRENDEDORES
CHICAGO
VISIONARIOS
Emprendedores
CHICAGO
#JEL
SYLVIA CAMPOS
&
JANNETH HERNANDEZ
Club
TEPEHUANES
Unidos
Patrocinador
del
Coautor
Alejandro
González
Jóvenes Escritores Latinos
#JEL
info@editorialjel.org
Gracias por su apoyo al
Albergue para Mujeres Corazón
de Valor y Fortaleza en Chicago.
Visionarios
USA

Antologia #JEL
VISIONARIOS
EMPRENDEDORES
CHICAGO
Jóvenes Escritores Latinos
#JEL
Creando activistas a través de las letras
info@editorialjel.org
VISIONARIOS
Emprendedores
CHICAGO
#JEL SYLVIA CAMPOS & JANNETH HERNANDEZ
Patrocinador de la
Antología #JEL
VISIONARIOS
Emprendedores
CHICAGO
1812 N 23 Ave., Melrose Park, Il
Info: 720-936-0228 -
Rafael Fantasma Orozco
Visionarios
USA
Gracias
por su apoyo al
Albergue para Mujeres
Corazón de Valor y Fortaleza
en Chicago.
Jóvenes Escritores Latinos
#JEL
Creando activistas a través de las letras
info@editorialjel.org

ÍNDICE
Visionarios Emprendedores Chicago

Made in the USA
Monee, IL
17 September 2022

13229904R00115